W0001932

# ÉVOLUTION

## Des livres pour vous faciliter la vie !

**Tal BEN-SHAHAR**
*Apprendre à être heureux*
Cahier d'exercices et de recettes

**Albert J. BERNSTEIN**
*Ces gens qui explosent de colère, de peur ou de tristesse*
Garder son sang-froid en toutes circonstances

**Rita EMMETT**
*Ces gens qui manquent d'ordre*
Conseils et astuces pour ranger utile

**Nance GUILMARTIN**
*Les mots qui font du bien*
Offrir du réconfort dans les moments difficiles

**Frédéric LENOIR**
*Petit traité de vie intérieure*
Exister est un fait, vivre est un art

**Joseph & Caroline MESSINGER**
*Gestes sensuels et postures érotiques*
Le langage secret du corps révèle la vérité des sentiments

**Jacques SALOMÉ**
*Manuel de survie dans le monde du travail*
Comment faire face aux situations de stress

**Catherine SOLANO**
*La mécanique sexuelle des hommes*
Maîtriser l'éjaculation et parvenir à l'épanouissement

# Le bonheur selon Confucius

## Petit manuel de Sagesse Universelle

Yu Dan

# Le bonheur selon Confucius

## Petit manuel de Sagesse Universelle

*Préface de Shan Sa*
*Introduction d'Alexis Lavis*

*Traduit de l'anglais*
*par Philippe Delamare*

belfond

Titre original :
*CONFUCIUS FROM THE HEART*
*Ancient Wisdom for Today's World*
publié en anglais en 2009 par Macmillan,
an imprint of Pan Macmillan Ltd, Londres
Publié à l'origine en chinois en 2006
sous le titre *Professor Yu Dan explains the Analects of Confucius* par Zhongua Book Company, Pékin

Pocket, une marque d'Univers Poche, est un éditeur qui s'engage pour la préservation de son environnement et qui utilise du papier fabriqué à partir de bois provenant de forêts gérées de manière responsable.


ISBN 978-2-266-21147-5

# Les Printemps et Automnes de Confucius

par Shan Sa

Confucius, le Chinois le plus célèbre au monde, est né au royaume de Lu le 28 septembre de l'an 551 avant Jésus-Christ.

À la même époque, l'empire de la dynastie Zhou éclata en plus de cent quarante régions indépendantes. Face à la montée en puissance des seigneurs locaux dont les royaumes étaient en pleine expansion économique et démographique, le pouvoir central déclina. Ces nouvelles puissances locales agrandirent leurs territoires. Pendant la période dite des « Printemps et Automnes », le pays fut morcelé en plusieurs centaines de petits États vassaux, parmi lesquels les royaumes de Qi, Song, Jin, Qin, Chu, qui cherchèrent chacun à affirmer leur suprématie.

Parmi ces innombrables satellites figurait le royaume de Lu, un pays modeste pris comme dans un étau entre les provinces belliqueuses de Qi et de Song. Au lieu de s'appuyer sur une armée redoutable comme le faisaient ses voisins, il développa la culture et les arts. Au lieu d'adorer les stratèges, les chars et les bannières, le royaume de Lu cultiva les lettres, les rites et la musique.

Si la démocratie fut une idée chère aux Grecs anciens, les rites et la musique servirent de socle à l'antique dynastie Zhou et au royaume de Lu. Pour les Chinois anciens, la pratique des rites et de la musique revêtait une portée morale, éthique et politique, et recouvrait un vaste ensemble de notions qui englobaient aussi bien le culte des ancêtres, la vénération des dieux, la piété filiale, le respect de ses semblables, les bonnes manières et la façon de s'habiller ou de s'exprimer que le déroulement du mariage et des funérailles, ou même le déploiement de l'armée. Avec Confucius et le confucianisme, ces notions allaient servir de références aux lois impériales.

D'après les *Mémoires historiques* de Sima Tan et Sima Qian (Ier siècle av. J.-C.), la famille de Confucius descend de l'antique dynastie impériale Shang (vers 1765-vers 1066 av. J.-C.). L'arrière-grand-père de Confucius, fuyant la guerre civile, s'établit dans le paisible royaume de Lu ; le père de Confucius, un lettré qui pratiquait les arts martiaux, y fut conseiller royal. Son épouse mit au monde neuf filles – mais pas de garçon. C'est Yan, la deuxième concubine, qui donna naissance à Confucius, ce fils tant attendu. Elle l'appela Qiu, du nom de la montagne où elle était allée prier avant de tomber enceinte. À la naissance de Confucius, son père avait déjà soixante-dix ans. Il mourut trois ans plus tard, laissant son fils dans la pauvreté et sans statut social.

Pourtant, grandissant dans la culture et le raffinement du royaume de Lu, Confucius étudia les trois cents chapitres des codes rituels et les trois mille compositions musicales de la dynastie Zhou. Ce terreau intellectuel et culturel jouera un rôle majeur dans la pensée confucéenne, qui prêche en effet l'ordre, l'harmonie, la modestie, la compassion... Ainsi, tel le royaume de Lu qui avait trouvé sa survie en temps de guerre en prônant la paix, Confucius va diffuser dans un monde divisé le message de l'harmonie.

Au royaume de Lu, Confucius est un lettré érudit reconnu. Mais la guerre civile qui éclate entre les ministres et le roi le force à quitter son pays et à s'enfuir. Partout où il se rend, il est accueilli avec enthousiasme, vénéré avec honneur, mais tenu écarté du pouvoir. Les ministres voient en Confucius un ennemi potentiel qui vient leur disputer la faveur royale. Partout, ils complotent pour le calomnier, le chasser, l'assassiner. Encore et toujours, Confucius doit courir, fuir. À soixante-huit ans, il retourne dans son pays natal, où il n'arrive toujours pas à imposer ses idées morales et politiques. À la suite d'une maladie, il meurt âgé de soixante-treize ans, sans savoir qu'il est l'homme qui marquera l'histoire de la Chine et qui dictera, pour les deux mille ans à venir, la pensée et les actes des Chinois.

*

*   *

Entrée en guerre contre l'Allemagne auprès des Alliés en 1917, la Chine est en 1919 un vainqueur qui a tout perdu. À la table des négociations du traité de Versailles, la province du Shan Dong, dont Confucius était originaire, est concédée au Japon.

Le 4 mai 1919, plus de trois mille étudiants investissent la place Tienan men en criant « Jiu Guo ! », « Sauvons notre pays ! ». Le mouvement du 4 mai est réprimé par le gouvernement central. Mais, avec le temps, il devient le symbole de la Chine moderne.

Pour la première fois, professeurs et étudiants associent la situation critique du pays, devenu « l'Homme malade de l'Asie », à l'influence de Confucius et de ses livres qui ont formaté durant plus de deux mille ans la culture et la politique de l'Empire du Milieu. Les intellectuels réformateurs du 4 mai jugent le confucianisme inadapté aux enjeux de la société nouvelle qui prône la rénovation. La mentalité confucéenne des dirigeants enferme, selon eux, le pays dans une gangue traditionaliste l'empêchant d'affronter les défis du XX<sup>e</sup> siècle naissant.

À partir de cette date, et même dès 1911 lors de la première abdication du dernier empereur Pu Yi, la pensée de Confucius, jugée conservatrice à l'extrême, s'éclipse de Chine. Cette mise à l'index se poursuit durant la période maoïste. Elle s'intensifie même lors de la révolution culturelle en devenant une traque contre toute forme d'esprit « réactionnaire ». Pour réformer durablement les intellectuels, qui représentent toujours, au moins symboliquement, l'ordre confucéen des *lettrés* (*shi*), Mao demande à la jeunesse chinoise de quitter les écoles et d'abandonner les livres pour apprendre la vraie vie dans les champs et les usines.

Ce n'est qu'à la fin des années 1980 que l'on recommence à mentionner Confucius dans les discours et les publications. Après le Japon et la Corée du Sud, la Chine cite Confucius pour expliquer la réussite économique des pays asiatiques, soulignant l'organisation familiale des entreprises, le sens de la hiérarchie et du don de soi au profit du bien collectif. Le confucianisme est aujourd'hui revendiqué au nom de ces « valeurs asiatiques » autour desquelles un type alternatif de modèle culturel, social et politique pourrait se constituer et concurrencer celui de l'Occident. Loin de l'image réactionnaire du début du XX^e^ siècle, on envisage aujourd'hui la pensée confucéenne au regard de sa pertinence dans le jeu du monde globalisé. La promotion des valeurs d'humanité (*ren* 仁) et de tolérance (*shu* 恕), qui sont le cœur de l'enseignement confucéen, lui confère en effet une portée universelle. L'expression « peuple racine » *(min ben* 民本) que l'on retrouve chez Mencius, disciple de Confucius, suggérant que le peuple est la chose la plus précieuse, fait aussi du confucianisme un allié d'une démocratisation à la chinoise.

Il n'est toutefois pas certain que les enjeux qui mobilisent le confucianisme, certes cruciaux pour la Chine, rendent parfaitement compte des raisons profondes de ce retour de la pensée confucéenne. Le succès colossal du livre de Yu Dan à l'orée du XXI^e^ siècle apporte un témoignage sur le renouveau de l'intérêt des Chinois pour leur propre culture, après un siècle d'autocritique et de rejet de ce qui est proprement chinois. Ce qu'a réussi cet auteur est de remettre, en quelque sorte, Confucius entre les mains du plus grand nombre à travers des commentaires qui résonnent comme des chansons modernes, heureuses, positives et simples. Or qu'est-ce qui pousse les Chinois à relire les méditations contenues dans les *Entretiens* du maître avec ses disciples ? Le souci des enjeux mentionnés plus haut suffit-il à susciter un tel désir ? Pour un Chinois, se réapproprier Confucius comporte une puissante symbolique qui dépasse tout cela. Relire Confucius, c'est se réapproprier son histoire, c'est retrouver, en quelque sorte la mémoire collective.

Nul auteur en Chine n'est plus lié à l'histoire du pays que Confucius. Il insistait par exemple en permanence auprès de ses disciples et des princes qui lui prêtaient l'oreille sur la nécessité de l'étude des textes anciens. Il réalisa lui-même la révision du *Livre des Odes* (*Shijing*), qui recueille les chants et les poèmes des dynasties antiques, celle des *Annales des Printemps et des Automnes* (*Chun Qin*), qui font la chronique du royaume de Lu, et celle des *Annales historiques* (*Shujing*), qui constituent l'un des plus anciens témoignages du passé.

Mais les enjeux d'une relecture de Confucius ne sont pas circonscrits à la Chine. C'est là aussi l'un des points forts du livre de Yu Dan. Par son ton direct, elle nous permet d'entrer au cœur d'une des plus grandes pensées de l'humanité. Une pensée qui n'est pas seulement chinoise mais appartient à tous ceux qui ont le désir de méditer les leçons d'un sage qui sut déceler, au travers de son époque et de son pays, des vérités universelles. On pourrait croire que ce qui est à même de toucher le plus grand nombre se doit d'être abstrait de tout contexte et de toute Histoire. Pourtant, les *Entretiens* relatent des scènes très concrètes, des dialogues qui eurent lieu entre des personnes bien réelles et en un temps précis. Ils ne sont pas un discours, mais un témoignage. Celui d'un homme qui passa son existence à cultiver le mystère exigeant de son humanité et offrit aux siens un chemin de réalisation.

Avant de devenir une doctrine, la pensée de Confucius était profondément humaine. Elle a été forgée en un temps de guerre, à une époque où les faibles devaient apprendre à vivre avec les puissants. Son enseignement était destiné à tous ceux qui vivaient en société. Ses recommandations avaient pour but d'empêcher les hommes de céder à leurs perpétuels conflits d'intérêt.

Ce souci d'harmonie pour le bonheur de tous doit être une inspiration pour nous aujourd'hui.

---

*Shan Sa est née à Pékin et vit à Paris. Elle est poète, romancière et peintre. Son troisième roman,* La Joueuse de Go, *a remporté le prix Goncourt des lycéens en 2001 et a été traduit en trente langues.*

# Introduction

*Confucius n'est pas un penseur,* ni un sage parmi d'autres, encore moins un « philosophe » ; Confucius, c'est un destin. Entendons-nous bien, cela ne signifie pas que son œuvre ne soit ni éminemment pensante, ni que Confucius ne fasse pas partie de cette famille illustre des maîtres de sagesse. Quant au titre de « philosophe », il lui fait défaut non par manque de dignité mais parce que ce terme est impropre à le décrire. Confucius n'est donc pas moins que tout cela mais, au contraire, bien plus. Il fait partie de ces rares figures de l'humanité chez qui le geste devient, en quelque sorte, civilisation.

## *L'union d'un homme et d'une nation*

Le confucianisme représente l'union d'un homme et d'un pays, d'une culture, d'un monde. Le mariage officiel de Confucius avec la Chine eut lieu sous le règne de l'empereur Wudi (141-87 av. J.-C.), sixième souverain de la première dynastie impériale des Han.

Parmi les nombreuses écoles de pensée qui fleurissaient alors, ce dernier choisit de placer l'empire sous le patronage confucéen. Les raisons de ce choix sont évidemment d'ordre politique. L'arrivée sur le trône des Han ne se fit pas sans heurt et exigea certains coups de force. Or aucun pouvoir ne saurait se maintenir sans être ou devenir légitime. Cette légitimité, l'empire la trouva dans le lien essentiel qu'il établit avec Confucius. L'empereur Wudi sut reconnaître en lui un gardien de l'âme chinoise qui avait voué sa vie à la préservation des rites, des lois et des textes antiques. En l'associant à son règne, il montrait ainsi que le fil de la tradition n'était pas rompu, mais qu'au contraire il continuait son inlassable déroulement depuis les origines jusqu'aux jours de sa dynastie. Par ce sacre, Confucius devint la Chine, et la Chine se fit confucéenne.

## *Une parole intempestive*

Que Confucius soit chinois d'une manière si exemplaire et ancestrale ne veut pas dire qu'il ne nous interpelle pas. Le Bouddha était indien, Jésus galiléen, et pourtant ils nous parlent encore et pour longtemps. D'ailleurs l'universalité d'une parole authentique n'exige en aucune façon que celle-ci soit affranchie de son contexte historique. Le livre de Yu Dan en est un bon exemple. Son intention est de nous montrer comment les préceptes de la pensée confucéenne peuvent servir, *aujourd'hui*, à éclairer nos vies, dont les enjeux ne sont pas seulement personnels mais font aussi écho à ceux de notre temps.

Yu Dan cherche à faire fleurir la graine confucéenne sur une autre terre et en un autre temps que ceux du maître. Au regard du succès international du livre et, ce qui est plus troublant, de son succès en Chine (jusqu'à récemment anti-confucéenne), il semble bien que le confucianisme ait réussi. Toutefois, pour parvenir à présenter ce livre, j'aimerais m'engager sur le chemin inverse et tenter ainsi d'envisager la pensée confucéenne à partir de son véritable élément, la tradition, aussi essentielle pour Confucius que l'eau pour le poisson.

## *Au temps de Confucius*

Confucius naît aux alentours de 550 av. J.-C. dans l'une des provinces du berceau de la civilisation chinoise, l'État de Lu (dans l'actuel Shandong). Bien que pauvre, il était, par son père, d'ascendance aristocratique et put ainsi étudier les rites, la musique et les textes classiques. Il grandit également sous l'aura déclinante de la dernière dynastie royale de l'antiquité, les Zhou. Cette lignée de souverains a établi, avec celles des Xia et des Shang qui l'ont précédée, les fondements de la civilisation chinoise traditionnelle.

Ces données historiques sont d'une grande importance pour comprendre l'origine de la pensée et l'orientation même de la vie de Confucius. Il vécut durant une période de transition marquée par le déclin de l'autorité réelle et spirituelle des Zhou et par le renforcement du poids politique d'États périphériques à la culture plus sommaire et aux mœurs plus guerrières. Du point de vue des États centraux, dont Confucius était natif, cette évolution des choses était interprétée comme une décadence. La transmission du cœur authentique de la tradition héritée des Zhou s'était considérablement dégradée – au point d'être perdue. Or un tel dévoiement risquait de bouleverser tout l'ordonnancement d'un monde, et la place même de l'homme, le sens de sa mission, au sein de ce tout. C'est cette inquiétude profonde qui va réveiller Confucius et régler le cours de sa vie. À de nombreuses reprises, au fil des *Entretiens*, il déclare explicitement que le but de son existence, le « mandat que lui a confié le ciel », est de restaurer la « voie de Wen et de Wu », c'est-à-dire celle des rois fondateurs de la dynastie Zhou. La voie de Confucius, le sens de son *Tao* (« voie », « chemin spirituel ») est entièrement comprise dans ce qu'on appelle la « tradition ». Sa mission n'est pas de créer un nouveau système de pensée mais de transmettre *à la lettre* ce qui fut et doit continuer à être. Confucius ne s'est jamais considéré comme un auteur, comme un créateur, ni même comme un penseur, mais comme un *continuateur*.

## *Œuvrer dans le monde*

La pensée et l'éducation ne furent d'ailleurs pas les moyens par lesquels Confucius décida de réaliser cette tâche dont il se sentait investi. C'est d'abord au travers de ce que nous appelons aujourd'hui l'« engagement politique » qu'il choisit de mener à bien sa mission. Il fut un temps ministre de la Justice de Lu. Le grand historien Sima Qian rapporte ainsi que l'une des premières actions de Confucius à ce poste important fut de rétablir les rites dans leur exactitude. Mais, déçu par l'attitude négligente du souverain, il s'exila pour proposer ses services de conseiller aux États voisins. Il dit ainsi à l'un de ses disciples dans les *Entretiens* (XVIII-5) : « S'il se trouvait quelqu'un pour m'offrir une charge, je pourrais asseoir une nouvelle dynastie Zhou. » Malheureusement, il ne trouva personne qui lui accorde une pleine confiance et, vers l'âge de soixante ans, il renonça à accomplir sa mission par la voie de l'action gouvernementale. Mais, là encore, Confucius ne chercha pas à fonder une « école philosophique ». Au contraire, il se retira pour réviser et compiler le vaste ensemble des textes canoniques dédiés à l'Histoire, à la poésie, aux rites et à la musique – c'est-à-dire, respectivement : *Les Annales historiques* (*Shujing*), *Le Livre des odes* et *Le Livre de la musique* (*Shijing*) et *Le Livre des rites* (*Yuejing*, intitulé par la suite *Liji*). Ce n'est qu'à la toute fin de sa vie, sous l'influence du nombre de ses disciples, qu'une école de pensée confucéenne apparut. Les chroniques historiques rapportent que Confucius commença à enseigner relativement tôt. Toutefois, c'est comme maître de cérémonie et de musique qu'il y est présenté, et non comme penseur. Ses héritiers directs suivront le même chemin et seront davantage connus comme officiants traditionnels, proposant leurs services pour organiser les grands rites et funérailles, que comme théoriciens.

On peut ainsi tirer de ces considérations la conséquence suivante : si la tradition est bien l'élément propre à la pensée confucéenne, celle-ci s'accomplit dans l'agir. Cela implique que le confucianisme, contrairement à ce que cette appellation en « -isme » pourrait laisser croire, n'est pas une philosophie et encore moins une idéologie, mais avant tout une certaine forme de pratique. Pour être encore plus précis – et éviter l'opposition trop occidentale du pratique et du théorique –, ce qu'il y a de plus signifiant pour Confucius se donne à voir d'abord dans un geste et dans une certaine posture, avant de l'être dans les écrits et les spéculations. Or ce geste qui surpasse la parole même n'est autre que le *rite*. C'est à travers l'espace rituel que prend sens le confucianisme. Tradition, pensée et pratique s'unissent et s'explicitent dans et par le rite. Ce point crucial qui préside au cœur même de la pensée chinoise est difficile à appréhender pour un Occidental. Influencés par l'opposition classique du corps et de l'esprit qui structure toutes nos représentations, nous comprenons difficilement qu'un simple geste rituel, qu'une simple posture puissent constituer l'un des plus hauts lieux de la pensée. Cela n'est pas une métaphore car le rite n'est jamais en attente d'un sens qu'une élaboration intellectuelle devrait lui conférer. Il est la pensée même en œuvre et en acte qui se déploie hors du champ des méditations d'un sujet pensant. Un tel déploiement nous est salutaire. Il ravive, il « ré-anime » le monde qui tend toujours à s'amoindrir, par effet d'abstraction, lorsque la signification est cantonnée dans les temples de l'intellect où officient les vues subjectives.

## *Garder le sens du rite*

C'est donc à partir du rite qu'il nous faut interroger le sens de la tradition que Confucius s'efforce de perpétuer. Tout comme c'est au regard de la tradition que peut apparaître la spécificité de la pensée confucéenne.

Qu'est-ce donc que le rite dans la perspective chinoise et quelle est sa fonction ?

L'idéogramme *li*, que nous traduisons par « rite », associe deux caractères désignant respectivement la révélation céleste et la vaisselle utilisée pour les sacrifices et cérémonials. Le rite est donc lié, comme c'est le cas dans de nombreuses cultures, à l'idée d'intercession auprès des grandes forces de la nature ou des puissances surnaturelles. Il est de l'ordre de la demande de savoir (augures), ou de faveurs.

Confucius ne retient pourtant pas ce sens que véhicule ce mot. La valeur du rite ne dépend pas des effets qu'une cérémonie peut avoir – il n'est pas une demande. À de nombreuses reprises dans les *Entretiens*, Confucius défend à ses disciples d'officier avec au cœur l'espoir d'un « retour sur investissement ». Il dégage ainsi la signification du rite de toute idée superstitieuse ou intéressée, en précisant que les êtres humains n'ont pas à s'occuper des actions des divinités ou des décrets du ciel. Confucius inscrit, au contraire, le rite dans l'espace d'accomplissement de l'homme en tant qu'Homme. À son disciple favori, Yan Hui, qui lui demande en quoi consiste la plus haute fidélité à l'humanité de l'homme, Confucius répond : « Ne regardez rien de contraire aux rites ; n'écoutez rien de contraire aux rites ; ne dites rien de contraire aux rites ; ne faites rien de contraire aux rites. » (*Entretiens* XII-1.)

Il ne s'agit pas d'exprimer sa créativité mais d'obéir à la lettre aux gestes prescrits par le rite. Il faut faire corps et âme avec la forme pour que notre humanité se révèle. Cette obéissance parfaite à la forme n'implique pas pour autant que la pensée confucéenne soit formaliste. Il s'agit simplement de comprendre que la vérité de l'homme se déploie dans et par l'espace formel du rite, qu'elle lui appartient, et qu'elle n'est donc pas le fait de l'individualité ou même de la subjectivité.

## *Faire apparaître un monde*

Qu'est-ce que le rite nous dit de l'homme ? Confucius n'est pas prolixe en définitions. Son problème n'est pas tant de répondre à la question « Qu'est-ce que… ? » qu'à celle du « Comment… ? ». Il nous donne toutefois des indications : « La nature rapproche ; le rite distingue. » (*Entretiens* XVII-5.) Laconique, la formule n'en est pas moins riche d'implications. Elle nous dit d'abord que la vérité de l'homme ne se trouve pas dans l'ordre naturel. Elle indique ensuite que la fonction du rite est d'établir des distinctions, donc de faire des différences. Différencier permet d'établir des rapports, et établir des rapports permet de faire apparaître un certain ordre. Or de cette apparition d'un ordre peut naître ce que nous appelons un *monde*, c'est-à-dire un certain ordonnancement qui permet à l'homme de trouver une habitation, un séjour sur terre. Monde et homme sont interdépendants : sans monde, l'homme n'est plus qu'une espèce parmi d'autres, perdue dans un nulle part. Sans l'homme, le monde se délite et devient un non-lieu, le plus anonyme des espaces géographiques. Du rite apparaît le monde, et ce n'est qu'au sein d'un monde que l'homme trouve sa place.

## *L'ordre sacré*

De quoi s'agit-il plus concrètement ? Xunzi, l'un des principaux interprètes de la pensée confucéenne, qui s'est tout particulièrement attaché à la question du rite, précise les choses. Il dénombre dans son œuvre trois types de rites fondamentaux : ceux liés à la naissance et à la mort ; ceux dédiés à la terre et au ciel ; et enfin, le plus connu, le « culte des ancêtres ». Dans tous les cas, la fonction du rite est de faire apparaître le cadre au sein duquel l'existence humaine prend place. Les cérémonies liées à la naissance et à la mort sont l'« ornement » du début et de la fin, et rappellent ainsi à l'homme sa condition passagère. Celles qui sont dédiées à la terre et au ciel font apparaître l'ordre du Haut, qui ouvre, et celui du Bas, qui soutient. Elles inscrivent l'être humain dans une verticalité essentielle. L'idéogramme qui désigne l'homme suggère un être se tenant sur ses deux pieds. En étant celui qui se tient debout, l'homme représente l'axe qui joint la terre au ciel, c'est-à-dire le haut et le bas par excellence. Par leur célébration, les rites célestes et terrestres projettent, en quelque sorte, l'esprit de cette hiérarchie naturelle, de cet ordre sacré, au sein de la société humaine. La dignité du haut est exaltée, la force vitale et nutritive du bas est reconnue. Souverains et peuple peuvent ainsi s'accorder, tout comme disciples et maîtres. Le culte des ancêtres, enfin, qui est la marque la plus profonde de la culture chinoise, a pour fonction d'inscrire l'homme dans une descendance, c'est-à-dire dans une histoire, au sens le plus concret du terme. Nous ne naissons pas dans un monde vierge, mais advenons au sein de l'œuvre laissée par nos ancêtres. Tout être humain est un descendant. Cette vérité peut être lourde à porter, mais elle n'en est pas moins vraie. Honorer ses ancêtres, sa lignée, c'est s'inscrire dans une continuité, c'est s'enraciner quelque part. Ce rite participe ici encore à la constitution d'un monde où habiter.

Le commencement et la fin, le haut et le bas, l'avant et l'après, le digne et l'indigne, tels sont les éléments fondamentaux que l'espace rituel doit accueillir et faire apparaître. Hors du rite, il n'y a donc que chaos. L'ordre, le monde sont l'affaire des hommes : c'est cela qu'on appelle en Chine « joindre le ciel à la terre ».

Voilà donc le cadre et l'élément de la pensée confucéenne. C'est à partir de ce souci de conservation de la tradition ritualiste, né de la peur du chaos, que prend sens l'œuvre de Confucius.

## *Allier le cœur à la forme : tradition et tao*

L'unique question de Confucius est la suivante : comment préserver la tradition héritée des anciens rois ? La réponse est simple : il faut qu'elle soit transmise de génération en génération. Mais qu'est-ce qu'une transmission authentique et comment s'opère-t-elle ? Tel est le problème central de Confucius. On a souvent taxé, avec raison, le confucianisme de rigidité et prétendu qu'il était à l'origine d'une sclérose de la civilisation chinoise qui a eu tendance à se figer dans un formalisme stérile et stérilisant. Lorsque la tradition se perpétue au mépris des forces vives, contre toute forme de spontanéité, contre le cœur, elle finit par nier toute humanité – elle tue ce qu'elle était chargée de préserver. Or il faut reconnaître que l'histoire du confucianisme a suivi cette mauvaise pente. Ce mouvement délétère s'est vérifié dans tous les pays acquis à l'influence confucéenne, tels la Corée, le Japon ou le Vietnam. Mais il s'agit là du plus malheureux des paradoxes car nul plus que Confucius n'a eu à cœur d'allier la vitalité et la tradition. La modalité de cette alliance constitue d'ailleurs tout le génie de son œuvre. Confucius a su faire de la tradition un Tao, un chemin où l'individu peut s'accomplir et faire irradier le miracle de son humanité.

La première réception par les Européens (jésuites pour la plupart) des œuvres de Confucius les situa parmi les ouvrages moraux. L'absence d'un Dieu unique et créateur leur interdisait d'être spirituelles et la dimension peu spéculative des textes d'être pleinement philosophiques. Mais on y voyait mobilisées tout un ensemble de « qualités », comme l'humanité *(ren)* ou le sens du juste *(yi)*, que Confucius exhortait sans relâche à cultiver. Il semblait dès lors patent d'en faire une sorte de morale et de voir ainsi dans ces deux dispositions des « vertus ». Or il n'y a pas de contresens plus radical que celui qui consiste à lire et à envisager la pensée confucéenne à partir de la « morale ». Il n'y a pas de « morale » en Chine. Ce champ de réflexion typiquement occidental tâche de déterminer ce qu'est une action conforme au bien. La morale se fonde pour cela sur une métaphysique du bien en soi. Jamais Confucius ne pose le problème en ces termes.

## *L'humanité (ren)*

Prenons, par exemple, cette disposition centrale de la pensée confucéenne qu'est l'humanité *(ren)*. Il ne s'agit pas, pour Confucius, de se montrer humain parce que c'est bien ou bon, mais parce que sans cette culture de l'humanité en soi-même nous perdons le sens authentique du rite, et toute transmission réelle de la tradition devient impossible. Le mot *ren* que nous traduisons par « humanité », associe deux idéogrammes, l'un signifiant l'« homme » (se dit également *ren* en chinois) et l'autre « deux ». Littéralement, il dit : « deux hommes », faisant ainsi apparaître la dimension essentiellement relationnelle de l'humanité. Confucius insiste beaucoup sur cela. Il fait remarquer comment, dès la naissance, nous sommes immédiatement conduits à nous lier les uns aux autres, et comment ce lien se déploie naturellement sous le signe de la sollicitude et de l'amour. Le sens d'« humanité » propre au terme *ren* est d'emblée compris dans la perspective d'un « vivre ensemble ». Or cette disposition est la source même du rite qui a charge de lui donner une forme. La forme du rite devient ainsi comme le dépositaire de ce lien humain spontané qu'elle fait apparaître. Elle fait de l'humanité même une œuvre qu'il nous faut rejouer inlassablement. Pour ce faire, il ne suffit évidemment pas de mimer les gestes, mais il faut les accorder à ce sens inné d'humanité en nous. Cultiver le *ren* et le rite sont donc une seule et même chose. Toutes les recommandations de Confucius tentent de montrer comment les espaces rituels et humains doivent se superposer.

Cela ne signifie pas pour autant qu'il faille voir

dans la pensée confucéenne une sorte d'humanisme à la chinoise. Là encore, il faut impérativement se garder d'exporter nos systèmes. L'humanisme désigne une période précise de l'Histoire occidentale qui voit advenir l'Homme comme valeur absolue. Le culte du progrès, l'avènement de la raison et la mort de Dieu en sont les fruits principaux. L'humanité à laquelle fait appel Confucius n'est en aucun cas une « valeur », mais le sens qui nous lie et nous fait reconnaître ce qui est *proprement* humain.

## *Le sens du juste (yi)*

Prenons un autre exemple concernant une notion centrale du confucianisme : le sens du juste *(yi)*. Il concerne à la fois la justice et la justesse. Il peut donc être compris à partir du respect des lois et du dégoût de la compromission. Mais, associé à ce problème de la préservation de la tradition, il devient également une disposition fondamentale qui nous pousse à veiller en permanence à l'accord entre le geste et l'intention. Cultiver cette justesse revient à rechercher dans chaque action et chaque parole une forme d'entièreté, de perfection, d'harmonie entre la forme et le cœur. Confucius insiste beaucoup sur la politesse, tout en condamnant ardemment le moindre manque de sincérité. Cette alliance surprenante ne s'explique qu'à partir de ce sens de justesse qui permet de tenir le geste intègre. Sans cela, l'étiquette n'est plus que le paravent de l'hypocrisie, et la sincérité se change en grossièreté. Au-delà de la seule tenue personnelle, la politesse telle que l'envisage Confucius est l'empreinte de toute la tradition dans le comportement d'un individu, à l'occasion des situations quotidiennes. Lorsqu'on demanda comment le maître faisait pour comprendre presque instantanément l'état de la situation politique d'un pays lorsqu'il s'y rendait, Zigong, l'un des principaux disciples de Confucius, répondit : en se tenant parfaitement et en regardant comment son hôte se tient. Toute la hauteur et la vigueur d'une civilisation peuvent se voir dans le comportement d'une personne.

## *L'homme authentique est une œuvre*

Si un mot pouvait résumer l'esprit de la voie confucéenne, ce serait peut-être celui de « culture ». Il ne s'agit évidemment pas de ce vernis de connaissances et de manières qui permettent de briller en société, mais d'un travail des plus inlassables et profonds, comme celui de la terre, et qui fait d'un homme une œuvre. Le rôle de l'éducation est central et porte sur la totalité de l'être d'une personne. Elle ne concerne pas la seule acquisition de savoirs mais touche aussi la manière d'être en rapport à chaque personne suivant l'âge et le statut, la façon de manger, de se vêtir, de parler… Elle ne vaut pas qu'au début de l'existence, mais se poursuit patiemment tout le long de la vie. L'homme éduqué, le *junzi*, que l'on traduit aussi par « homme noble », est l'idéal vers lequel tend en permanence celui qui cherche à marcher sur le chemin ouvert par Confucius. Il ne s'agit pas d'un état ou d'un statut, mais d'une étoile qui conduit vers un perfectionnement continu de soi. L'homme est ainsi placé face à lui-même comme l'artisan face à son chef-d'œuvre, cherchant toujours noblement une retouche possible qui rendra le travail accompli. La portée de cet accomplissement dépasse largement le cercle des préoccupations personnelles. Le *junzi* est étymologiquement « celui dont la parole ordonne », non pas au sens de « donner des ordres », mais de « mettre de l'ordre ». On retrouve ainsi la présence du rite et de la tradition qui trouvent leur incarnation dans un individu. C'est là le terme ultime de la voie confucéenne, lorsque l'homme et la civilisation ne font plus qu'un. Voilà ce que Confucius lui-même a atteint – vie et œuvre rendues indissociables.

Pour conclure, j'aimerais faire part de ce qui, depuis quelque temps, retient mon attention chez Confucius : la *forme* – et plus particulièrement le souci de *mettre les formes*. L'espace confucéen est orienté par cette dimension formelle qui ne se réduit jamais à des *formalités*. Bien que nous comprenions tous l'importance des formes dans la vie sociale, il nous est difficile de ne pas y voir, au fond, un artifice. Un comportement formel est chez nous comme un vêtement. Or, à mesure que l'on entre dans la pensée de Confucius, ce sentiment d'extériorité qui accompagne le souci des formes s'estompe. Mettre les formes sans jamais se départir de la douceur et de la vérité de la situation devient un travail de création qui requiert l'entièreté de l'individu et engage un autre rapport à l'existence, et plus particulièrement au *temps*. Cette alchimie subtile exige en effet que soit instauré, au cœur des rapports humains, un certain *tempo*. Nous prenons souvent cela pour de la distance ou, en revenant au rythme, pour de la lenteur (nous n'avons pas que ça à faire !). Le grand chef d'orchestre Sergiu Celibidache affirmait toutefois que le *tempo* n'était pas une affaire de vitesse, mais d'espacement suffisant pour laisser apparaître la richesse sonore de chaque note, tout en gardant le lien qui les unit toutes. J'en viens de plus en plus à croire que le sens du rite auquel Confucius tente de nous rendre sensibles n'est pas si différent de celui du *tempo* tel que l'envisage Celibidache. La forme n'est pas tant une rigidité externe qu'un espacement existentiel qui permet à la richesse du geste ou de la parole d'apparaître. Voilà ce qui me semble le plus important pour nous de réentendre. Le langage, toujours si pleinement pensant, nous y convie subtilement. Le mot « rite », en effet, est de la même racine indo-européenne que le mot « art ». Il nous conduit ainsi, comme Confucius, à voir dans chaque geste la possibilité d'un poème.

Alexis Lavis

---

*Auteur et traducteur, Alexis Lavis est spécialiste de la philosophie et des traditions de pensée orientale, et plus particulièrement du bouddhisme, du taoïsme et du confucianisme. Il a notamment établi et présenté une édition des* Entretiens *de Confucius* (Textes essentiels de la pensée chinoise : Confucius et le confucianisme, *Pocket, 2008), ainsi qu'une anthologie de la poésie chinoise* (Classiques de la poésie chinoise, *Presses du Châtelet, 2009). Il est également l'auteur de* Symboles et croyances populaires en Chine (*Éditions Trajectoire, 2008*). *Parmi ses récentes traductions figurent* Le Livre des cinq roues *de Myamoto Musachi (Presses du Châtelet, 2009) et* L'Art de la guerre, *de Sun Zi (Presses du Châtelet, 2009).*

# Avant-propos
## Pourquoi Confucius ?

*Il y a plus de deux mille cinq cents ans*, les élèves du philosophe Confucius rassemblèrent tous les éléments de sa vie et de son enseignement qu'ils avaient pu recueillir. Ces récits, fondés pour l'essentiel sur des notes prises en cours, ont été ensuite compilés et édités pour former les *Entretiens* de Confucius qui nous sont parvenus.

Quatre siècles après, le grand empereur Wudi de la dynastie Han rejeta une centaine d'autres écoles philosophiques pour imposer celle de Confucius, faisant ainsi de la Chine un État confucéen.

Il y a mille ans, le Premier ministre de la dynastie Song, Zhao Pu, se vanta de pouvoir gouverner le monde connu à l'aide d'un seul demi-livre des *Entretiens*. C'est dire le rôle capital que Confucius jouait dans la vie politique et sociale de la Chine ancienne, et la haute estime en laquelle ses enseignements étaient alors tenus.

Mais quelle utilité pratique peuvent-ils revêtir aujourd'hui ?

Lorsque, à la fin de 2006, j'ai remis mon manuscrit

aux Éditions Zhonghua, ma satisfaction se mêlait à une légère inquiétude. En commençant, à vingt et un ans, ma maîtrise sur la littérature chinoise d'avant les Qin, jamais je n'aurais osé rêver que cette prestigieuse maison, dont les ouvrages avaient nourri ma jeunesse studieuse, me publierait un jour. Jamais non plus je n'aurais eu la présomption d'imaginer qu'il m'arriverait de parler des *Entretiens* de Confucius à la télévision.

Il est vrai que les *Entretiens* m'ont toujours inspiré plus de respect que de crainte : des sentiments simples et chaleureux.

Dans une petite ville de la Chine du Nord célèbre pour ses sources chaudes, il en est une, la « Source du Diagnostic », qui, dit-on, révèle immédiatement l'origine de ses maux à quiconque s'y plonge : un chatouillement dans les articulations annonce une arthrite ; une sensation brûlante dans les entrailles des problèmes gastriques ; une agréable chaleur sur tout l'épiderme, comme à la suite d'une mue, signale une maladie de peau.

La sagesse de Confucius m'évoque cette source d'eau tiède et vivante.

Même si je le voulais vraiment, ma science est trop limitée pour que je me hasarde à tenter une étude approfondie de Confucius. De même que je serais incapable d'effectuer une analyse chimique de cette eau prophétique. Ce que je peux faire, en revanche, c'est apporter le témoignage de quelqu'un qui s'est immergé dans la fontaine, l'a éprouvée physiquement, comme les milliers et les milliers de gens qui, depuis des siècles, se baignent dans cette source chaude et en apprécient les bienfaits.

Les bons y trouveront la bonté et les sages la sagesse. Ce ne sont pas les rituels et les hommages intimidants qui font la valeur de ce grand classique, mais son universalité et son aisance : la philosophie dont tant de gens n'ont cessé de s'imprégner, si bien que chacun, tout en la percevant à sa façon et en suivant des chemins différents, parvient en fin de compte au même but ultime. « La vérité n'est jamais loin des gens ordinaires », disons-nous en Chine, et nul doute que les *Entretiens* illustrent ce dicton.

Les sages ne cherchent pas, me semble-t-il, à intimider leur auditoire à coups d'obscures citations, de sentences absconses et d'expressions ampoulées. « Le maître [Confucius] dit : "Je voudrais ne plus parler.

— Maître, dit Zigong, si vous ne parlez pas, qu'aurions-nous, vos humbles disciples, à transmettre ?"

Le maître répondit : "Est-ce que le ciel parle ? Les quatre saisons suivent leur cours ; tous les êtres croissent. Est-ce que le ciel parle jamais ?" » (*Entretiens*, XVII, 17 ou 19, traduction de Séraphin Couvreur. *[N.d.T.]*)

Les vérités simples de ce monde peuvent pénétrer le cœur des hommes parce qu'elles ne procèdent pas de l'endoctrinement mais d'un appel intérieur visant à éveiller chaque âme.

Si celles-ci nous sont parvenues du fond des millénaires, c'est que, de génération en génération, elles ont aidé les Chinois à rester fermement enracinés, à comprendre la nation et la culture qui les forment, et à ne pas perdre la tête, même face à d'immenses changements sociaux et à des choix presque écrasants.

Celui qui tire profit de la sagesse de Confucius connaîtra peut-être une soudaine et bouleversante illumination, tandis qu'il faudra à un autre toute une vie d'étude assidue pour atteindre à la compréhension.

Je dois remercier l'émission de télévision « The Lecture Room » de m'avoir incitée à aborder Confucius sous l'angle du *xinde* : une compréhension qui vient du cœur autant que de la tête. Mille cœurs retireront mille choses différentes de son œuvre, et dix mille autant d'éclairages divers ; ma vision n'est que celle d'un cœur parmi tant d'autres. Quand nous le lisons, et que tout s'éclaire soudain, nul doute que Confucius nous sourie silencieusement du fond des siècles.

Par son allégation lapidaire, Zhao Pu, le Premier ministre des Song, reconnaissait respectueusement que Confucius était la source de la culture et de la pensée traditionnelles chinoises. Quant à moi, je dirais plutôt : « Avec un demi-livre des *Entretiens* je peux m'enrichir » ; tout le monde devrait y voir une douce et chaleureuse « Source du Diagnostic ».

Par conséquent, ce que nous pouvons apprendre aujourd'hui de Confucius, ce ne sont pas les « Études confucéennes » instituées par l'empereur Wudi ; ce n'est pas la « religion confucéenne » solennelle, majestueuse et ritualisée qui régnait en Chine aux côtés du taoïsme et du bouddhisme ; pas plus que le confucianisme des érudits, bourré de discussions profondes et ligoté par la recherche textuelle.

Ce que nous pouvons retirer des *Entretiens* de Confucius, ce sont les vérités simples que chacun connaît au fond de son cœur, même s'il ne sait pas forcément les formuler.

À mon avis, la sagesse de Confucius ne brûle ni ne glace : elle est à peine plus chaude que notre corps et demeure ainsi constante dans les siècles des siècles.

*Le 16 novembre 2006, à minuit*

*Première Partie*

# LA VOIE DU CIEL ET DE LA TERRE

*N'allez surtout pas croire que la sagesse de Confucius est hors de portée, ou qu'on ne peut la considérer aujourd'hui qu'avec révérence.*

*Les vérités de ce monde sont éternellement évidentes et simples – de même que le soleil se lève tous les jours à l'est, que le printemps est la saison des semailles et l'automne celle des récoltes.*

*Les vérités que nous présente Confucius sont toujours les plus limpides.*

*Elles nous indiquent comment mener la vie heureuse dont notre âme a besoin.*

*La sagesse de Confucius peut nous aider* à atteindre le bonheur spirituel dans le monde moderne, à accepter les tâches quotidiennes et à trouver des points de repère.

Parfois, les *Entretiens* peuvent sembler dépourvus de logique rigoureuse. La plupart des textes ne traitent qu'un seul problème, très peu sont développés, et presque tout ce que nous y trouvons est simple et concis.

Nous verrons que ce laconisme est aussi une forme d'enseignement.

« Est-ce que le ciel parle ? Les quatre saisons suivent leur cours ; tous les êtres croissent. Est-ce que le ciel parle jamais ? », dit Confucius (XVII, 17 ou 19).

C'est exactement par cette façon de penser – claire, simple et chaleureuse – que Confucius a exercé une telle influence sur ses disciples.

Il a eu trois mille élèves, dont soixante-douze étaient des hommes d'une sagesse et d'une vertu exceptionnelles. Chacun d'eux était une semence, qui, à son tour, a répandu partout le germe de cette sagesse et de cette vision du monde.

Voilà pourquoi nous autres Chinois considérons Confucius comme un sage. Les sages sont les esprits les plus pratiques et les plus capables de leur temps ; en outre, ils sont dotés du plus grand charisme. Ils nous apportent une conviction, une forme de foi qui, loin de tomber du ciel, est le fruit d'une croissance naturelle, surgissant du sein même de la vie.

Cette impression de croissance naturelle, équilibrée, se retrouve dans le mythe chinois de la création, qui nous raconte comment Pan Gu a séparé le ciel et la terre. Il ne s'agit pas d'un changement brutal, comme dans un mythe de création occidental, où l'on verrait Pan Gu empoigner une grande hache pour les scinder d'un choc assourdissant, tandis que, éventuellement, une lumière dorée rayonnerait dans toutes les directions, et que les cieux, la terre et tout ce qui s'y trouve surgiraient d'un coup. Ce n'est pas le style de la Chine.

Non, les Chinois sont nourris de légendes comme l'origine du monde que relate l'*Histoire des trois (augustes) et des cinq (empereurs)*, de Xu Zheng : un processus très lent, paisible et plein d'attente :

> *Le ciel et la terre étaient mélangés dans un œuf ; Pan Gu vivait au milieu. Au bout de dix-huit mille ans, le ciel et la terre se dissocièrent, le yang pur devint le ciel et le yin trouble la terre. Pan Gu, au milieu, mutait neuf fois par jour : dieu dans le ciel et sage sur la terre. Chaque jour, le ciel s'élevait d'un zhang [3,58 m], la terre épaississait d'un zhang, et Pan Gu grandissait d'un zhang. Dix-huit mille ans plus tard le ciel était infiniment élevé, la terre infiniment profonde et Pan Gu infiniment grand.*

Selon la légende chinoise, le ciel et la terre se séparent non pas comme un corps solide qui se scinde avec un craquement, mais à la manière de deux essences qui se dissocient progressivement : l'essence *yang*, légère et pure, s'élève pour devenir les cieux ; la lourde essence *yin* s'enfonce pour devenir la terre.

Mais ce n'est que le début du processus.

Notez à quel point les Chinois sont attentifs aux changements (*Cf.*, par exemple, l'ouvrage fondamental qu'est le *Yi Jing*, ou *Livre des Mutations. [N.d. T.])* : Pan Gu, entre le ciel et la terre, « mute neuf fois par jour », de même que chez un nouveau-né de minuscules et subtiles transformations s'opèrent quotidiennement.

À une étape de ces mutations, Pan Gu devient, dit le texte, « un dieu dans le ciel et un sage sur la terre », un être sage et puissant dans les deux sphères.

Pour les Chinois, cette idée de la maîtrise dans les deux domaines est un idéal de vie, auquel chacun de nous devrait aspirer : dans le ciel, notre idéalisme peut déployer ses ailes et voler librement, affranchi de toute règle et de tout obstacle ; et, dans le monde réel, il faut savoir garder fermement les pieds sur terre.

Les gens ambitieux et dépourvus de réalisme sont des rêveurs, et non des idéalistes ; ceux qui n'ont que la matière et point d'idéalisme sont de besogneux tâcherons, et non des réalistes.

L'idéalisme et le réalisme sont notre ciel et notre terre.

Mais les transformations de Pan Gu ne sont pas terminées, et notre histoire se poursuit.

Après la séparation du ciel et de la terre, les cieux s'élèvent chaque jour d'un zhang, la terre s'épaissit d'autant, et Pan Gu grandit de même. Ainsi s'écoulent dix-huit mille ans, jusqu'à ce que le ciel soit « infiniment élevé, la terre infiniment profonde et Pan Gu infiniment grand ».

Autrement dit, l'humanité est égale aux cieux et à la terre, et tous trois constituent ce que les Chinois appellent les « Trois Augustes » : les trois éléments de grandeur et d'importance égales dont l'univers est constitué.

Confucius voyait ainsi le monde : les êtres humains sont dignes de respect et doivent se respecter eux-mêmes.

En lisant les *Entretiens*, on constate que Confucius parle très rarement avec dureté à ses disciples ; il discute en général avec eux d'une façon détendue, en leur donnant des conseils et des indications pour qu'ils puissent résoudre les problèmes eux-mêmes. Nous avons tous vu des professeurs réprimander leurs élèves, leur intimer l'ordre de ne pas faire ceci ou cela. C'est ce qui arrive quand un enseignant n'est pas au niveau de sa tâche. Comme Confucius, un maître véritable discute paisiblement avec ses élèves, pour qu'ensemble ils parviennent à faire s'épanouir les Trois Augustes du ciel, de la terre et de l'humanité.

Cet esprit détendu, posé et assuré, cette attitude modeste et respectueuse : voilà ce à quoi nous devrions tous aspirer. Les *Entretiens* de Confucius sont l'incarnation de cet idéal.

Nous pouvons en tirer une grande force : celle qui jaillit du fond du cœur de Confucius. C'est cette force que Mencius (v. 372-289 av. J.-C.), autre grand philosophe chinois et émule de Confucius, appelle l'« esprit noble ».

Les essences du ciel, de la terre et des éléments intermédiaires ne peuvent exercer toute leur puissance que lorsqu'elles se combinent dans le cœur d'une personne humaine.

*Notre but ultime est de pénétrer notre cœur des principes clés de Confucius : d'unir le ciel, la terre et l'humanité en un tout parfait, afin d'en tirer une force infinie.*
*Pour qu'une nation survive et prospère, disons-nous en Chine, le ciel doit lui sourire, la terre lui être favorable et son peuple vivre en paix. C'est vers cet équilibre harmonieux que Confucius peut aujourd'hui nous conduire.*

Unir le ciel et l'humanité signifie réaliser l'harmonie parfaite des hommes et du monde naturel.

Nous nous efforçons de créer une société harmonieuse, mais qu'est-ce que l'harmonie véritable ? Ce n'est pas seulement la paix ou des relations cordiales entre voisins. Il faut aussi que le monde naturel tout entier vive et croisse dans le bonheur et la concorde. Les hommes doivent respecter le monde naturel et accepter d'en épouser les rythmes.

C'est une force. Si nous apprenons à maîtriser cette force et à y puiser, alors nous pourrons atteindre la largeur de vues d'un Confucius.

Confucius avait une attitude extrêmement placide, mais au tréfonds de son cœur il était très sérieux. Parce qu'il avait en lui une force profonde, enracinée dans de solides convictions.

Un de ses élèves, Zigong, lui demanda un jour quelles étaient les conditions nécessaires pour qu'un pays vive en paix, avec un gouvernement stable. La réponse du maître fut très simple. Il n'y avait que trois conditions : des armes en suffisance, assez de vivres et la confiance du peuple.

Premièrement, l'appareil de l'État doit être puissant ; il doit disposer de forces militaires lui permettant de se défendre.

Deuxièmement, il doit avoir de quoi nourrir et vêtir convenablement sa population.

Troisièmement, il faut que le peuple ait confiance en ses dirigeants.

Cet élève ne cessait de poser des questions bizarres. « S'il était absolument nécessaire de négliger l'une de ces trois conditions, reprit-il, à laquelle faudrait-il renoncer ? — Aux forces militaires, répondit Confucius. — Et s'il était absolument nécessaire d'en négliger encore une seconde, dit Zigong, quelle serait-elle ? »

Avec le plus grand sérieux, Confucius déclara : « Les vivres. Car de tout temps les hommes ont été sujets à la mort, mais, si le peuple n'a pas confiance en ceux qui le gouvernent, c'en est fait de lui. » (XII, 7.)

Ne pouvoir se nourrir mène assurément à la mort, mais qui a jamais réussi à tromper la mort ? La pire chose qui puisse arriver n'est donc pas la mort mais l'effondrement général qui se produit lorsque les citoyens cessent de croire en leur propre pays.

Sur le plan matériel, le bonheur n'est qu'une série d'objectifs à atteindre, tandis que la paix et la stabilité véritables viennent de l'intérieur, de notre acceptation de ceux qui nous gouvernent – et cela exige la foi.

Ainsi Confucius concevait-il le gouvernement. Il croyait que seule la puissance de la foi permet d'assurer la cohésion d'une nation.

Au XXIe siècle, nous estimons que le PIB (produit intérieur brut) est un mode de calcul trop simpliste pour mesurer la qualité de vie des gens. Il faut aussi prendre en compte le BIB : le bonheur intérieur brut.

Autrement dit, pour déterminer si un pays est réellement riche et puissant, il ne suffit pas d'évaluer la vitesse et l'importance de sa croissance économique ; il faut avant tout examiner les sentiments de chaque citoyen ordinaire : Est-ce que je me sens en sécurité ? Suis-je heureux ? Est-ce que je m'identifie vraiment à la vie que je mène ?

Selon une enquête à laquelle la Chine a participé à la fin des années 1980, le bonheur de ses citoyens n'était alors que d'environ soixante-quatre pour cent.

En 1991, la même enquête estimait l'indice du bonheur à quelque soixante-treize pour cent. Et ce, grâce à l'amélioration du niveau de vie, ainsi qu'aux réformes entreprises à ce moment-là.

Mais une troisième enquête, en 1996, établissait que l'indice de bonheur était retombé à soixante-huit pour cent.

Ce constat, très troublant, montre que, même lorsqu'une société jouit d'une prospérité matérielle et culturelle, ses membres peuvent éprouver une forme très complexe de perplexité spirituelle.

Revenons maintenant en arrière de deux mille cinq cents ans pour voir à quoi ressemblaient les sages de cette époque moins prospère.

Confucius avait beaucoup d'estime pour l'un de ses étudiants appelé Yan Hui. « Que la sagesse de Yan Hui est grande ! s'écria-t-il un jour. Il demeure dans une misérable ruelle, n'ayant qu'une écuelle de riz et une gourde de boisson. Un autre, en se voyant si dépourvu, aurait eu un chagrin intolérable.

Hui est toujours content. Oh ! que Hui est sage ! » (VI, 9 ou 11.)

Beaucoup de gens diraient peut-être : « Ainsi va le monde, nous devons tous nous débrouiller pour vivre ; riches ou pauvres, que peut-on y faire ? »

Ce qu'il y a de vraiment admirable chez Hui n'est pas qu'il supportait des conditions d'existence aussi ingrates, mais son attitude envers la vie. Tandis que tout le monde soupirait et se plaignait, Yan Hui ne se départait jamais de son optimisme.

Seuls les gens véritablement éclairés peuvent éviter de se laisser dominer par les aspects matériels de la vie et, indifférents à la gloire, à la richesse ou à la pauvreté, conservent en permanence une paix intérieure.

Personne, naturellement, ne veut vivre dans la misère ; mais il est tout aussi vrai que nous ne pouvons pas régler nos problèmes spirituels en accumulant toujours plus de biens.

Aujourd'hui, en Chine, notre existence matérielle s'améliore manifestement, et pourtant beaucoup de gens sont de plus en plus insatisfaits. La présence très ostensible d'une catégorie de personnes devenues soudain extrêmement riches fait que les gens ordinaires peuvent éprouver un sentiment d'injustice.

Il y a en fait deux attitudes possibles : regarder vers l'extérieur, pour élargir indéfiniment notre univers ; ou se tourner vers l'intérieur, pour explorer indéfiniment les tréfonds de notre être.

Nous consacrons toujours trop de temps à observer le monde extérieur et trop peu à examiner notre cœur et notre âme.

Confucius peut nous enseigner le secret du bonheur, qui consiste à trouver la paix en soi-même.

*Tout le monde espère mener une existence heureuse, mais le bonheur n'est qu'un sentiment, lequel n'a rien à voir avec la richesse ou la pauvreté, et dépend de notre être intérieur. Confucius montre à ses disciples comment chercher le bonheur dans la vie. Cette philosophie s'est transmise de siècle en siècle et a exercé une profonde influence sur nombre de nos savants et poètes célèbres.*

Un de ses disciples, Zi Gong, lui demanda un jour : « Que faut-il penser de celui qui, étant pauvre, n'est pas flatteur, ou qui, étant riche, n'est pas arrogant ?

Il est digne de louanges, répondit Confucius, mais celui-là l'est plus encore qui, dans la pauvreté, vit joyeux, ou qui, au milieu des richesses, reste courtois. » (I, 15.)

Cette attitude supérieure exige non seulement d'accepter la pauvreté de bon gré, sans s'humilier ni solliciter des faveurs, mais aussi d'être habité d'une paix et d'un bonheur intérieurs que les privations ne puissent dissiper. De même, le pouvoir et les richesses ne sauraient rendre une telle personne hautaine ou voluptueuse : elle restera raffinée et courtoise, joyeuse et satisfaite. Une personne de ce genre peut véritablement être qualifiée de *junzi* (que l'on peut traduire par homme (ou femme) honorable, noble, supérieur, de bien, de qualité : l'honnête homme au sens du XVII^e^ siècle. Par opposition à l'homme (ou femme) vulgaire, vil ou de peu. *[N.d.T.]*).

Le mot *junzi*, qui apparaît plus souvent qu'aucun autre dans les *Entretiens*, qualifie la personne idéale pour Confucius, que chacun d'entre nous, riche ou pauvre, est en mesure de devenir. Encore dans la Chine d'aujourd'hui on dit de quelqu'un d'une parfaite intégrité personnelle qu'il est un véritable *junzi*. Les idées de Confucius ont modelé au fil des siècles les grands *junzi* qui illuminent notre histoire, et dont l'exemple peut nous indiquer comment le devenir nous aussi dans notre propre vie.

Tao Yuanming, le grand poète de la dynastie Jin de l'Est, est l'un de ces personnages. Pendant quatre-vingt-trois jours, il occupa un poste mineur de magistrat dans le district de Pengze, jusqu'à ce que ses supérieurs envoient quelqu'un l'inspecter, en invitant Tao Yuanming à « nouer une ceinture autour de sa robe pour accueillir celui-ci » – on dirait aujourd'hui mettre un costume et une cravate pour recevoir un dignitaire.

« Je ne veux pas me prosterner comme un domestique pour cinq mesures de riz », répondit Tao Yuanming. Autrement dit, il n'était pas disposé à s'humilier pour un misérable traitement de fonctionnaire. Aussi regagna-t-il ses pénates, en laissant son sceau officiel dans son bureau.

*Nos yeux voient trop le monde et trop peu le cœur et l'âme.*

Arrivé chez lui, il écrivit ce qu'il avait ressenti : « Puisque mon cœur est devenu l'esclave de mon corps, je suis triste et je pleure. » Il lui semblait que, pour manger un peu mieux et mener une vie un peu meilleure, il n'avait d'autre choix que s'abaisser, se prosterner et solliciter des faveurs.

Comme il n'entendait pas s'y résigner – « Je sais que je ne peux pas retrouver mon passé, mais je connais mon avenir et je puis le réaliser » –, il retourna dans sa campagne bien-aimée.

*Pour les gens d'aujourd'hui, se contenter d'être pauvre en s'accrochant fermement à ses principes implique un certain manque de dynamisme. Tout le monde travaille dur pour faire face à une concurrence féroce, si bien que les revenus et la situation professionnelle sont devenus les signes les plus importants de la réussite.*
*Mais plus la concurrence est vive, plus nous devons adapter nos conceptions et nos relations avec les autres. Dans cette perspective, comment devrions-nous nous comporter dans la société moderne ? Existe-t-il des règles pour nous guider ?*

Zi Gong posa de nouveau à Confucius une question extrêmement importante : « Existe-t-il un seul mot qui puisse guider toute notre vie ? »

Confucius lui répondit sur le ton de la conversation : « N'est-ce pas celui de tolérance ? Ne faites pas à autrui ce que vous ne voudriez pas qu'on vous fasse. » (XV, 23 ou 24.)

Et c'est ce qu'entendait Zhao Pu lorsqu'il disait : « Avec un demi-livre des *Entretiens* je peux gouverner l'Empire. » Parfois, apprendre un mot ou deux suffit à diriger notre vie.

Confucius est un vrai sage : il ne nous donne pas de longs préceptes à retenir, et parfois un seul mot est tout ce dont nous avons besoin.

« La voie de notre maître, expliqua Zengzi, un disciple de Confucius, consiste en la loyauté et en l'amour d'autrui comme de soi-même, un point c'est tout. » (IV, 15.)

L'enseignement de Confucius peut se résumer en ces deux mots : « loyauté » et « tolérance ». Autrement dit, il faut être soi-même, mais en même temps penser aux autres.

Par tolérance, Confucius veut dire que l'on ne doit pas forcer les gens à agir contre leur gré, ni commettre des actions qui blessent les autres. Il s'ensuit que, si certains font des choses qui nous heurtent, nous devons nous efforcer de les traiter avec tolérance.

Mais c'est plus facile à dire qu'à faire. Souvent, quand quelque chose d'injuste nous arrive, nous ne pouvons nous empêcher de le ressasser. Et, ce faisant, nous perpétuons notre souffrance.

Voici, à ce propos, une anecdote bouddhiste intéressante :

Deux moines descendirent de leur temple dans la montagne pour mendier. En arrivant au bord d'une rivière, ils trouvèrent une jeune fille qui se demandait comment la traverser. Le plus âgé des deux dit à la jeune fille : « Je vais vous porter sur mon dos », et il la transporta ainsi sur l'autre rive.

Le plus jeune moine fut si choqué qu'il n'osa pas demander d'explications. Ils poursuivirent leur chemin et, au bout d'une vingtaine de *li* (mesure chinoise qui valait autrefois environ 576 mètres et aujourd'hui exactement 500 mètres. *[N.d.T.]*), ne pouvant plus se contenir, il demanda au vieux moine : « Maître, nous sommes des moines, nous avons fait vœu de célibat, alors comment avez-vous pu faire traverser la rivière à cette femme sur votre dos ? »

*Se montrer tolérant envers autrui, c'est, en fait, s'accorder beaucoup plus de place.*

Le vieux moine répondit calmement : « Tu as vu que je l'ai chargée sur mon dos et que je l'ai reposée aussitôt après avoir franchi la rivière. Comment se fait-il que tu rumines cette pensée depuis vingt *li* et que tu ne t'en sois pas encore débarrassé ? »

La morale de cette histoire est exactement ce que nous enseigne Confucius : quand il est temps de se décharger d'un fardeau, il faut le poser à terre. En se montrant tolérant envers autrui, on s'octroie en fait beaucoup plus d'espace personnel.

*Mais ce que nous dit Confucius, ce n'est pas simplement que nous pouvons nous permettre de prendre ou de laisser, mais aussi que nous devons faire tout notre possible pour aider ceux qui en ont besoin. C'est le sens du dicton : « Si vous donnez une rose, son parfum s'attarde sur vos mains. » Donner peut procurer plus de bonheur que recevoir.*

En dehors de la fidélité et de la tolérance, un troisième mot est au cœur de l'enseignement de Confucius : l'« humanité ».

« Fan Chi demanda en quoi consistait la vertu d'humanité. "Elle consiste à aimer les hommes", répondit le maître. Fan Chi demanda en quoi consistait la sagesse. "Elle consiste à connaître les hommes", répondit Confucius. » (XII, 21 ou 22.)

Quelle est alors la meilleure manière d'exercer son humanité ?

« La vertu d'humanité, c'est élever autrui comme on souhaiterait l'être soi-même ; c'est le faire parvenir là où on voudrait soi-même qu'il soit. Qui est capable de s'en faire le modèle offre la recette de cette vertu. » (VI, 28 ou 30.)

Si vous voulez vous élever, pensez immédiatement à la façon d'aider les autres à s'élever eux aussi ; si vous voulez réaliser vos propres ambitions, demandez-vous aussitôt comment aider autrui à accomplir ses souhaits à lui. Commencez par de petites choses proches de vous, en traitant les autres comme vous aimeriez être traité. Ainsi vit-on selon l'humanité et la justice.

Dans la vie, chacun de nous risque de connaître le chômage, la rupture de son mariage, la trahison d'un ami ou l'abandon d'un proche ; il nous appartient de considérer cela comme une affaire grave ou un incident mineur ; il n'y a pas de critère objectif en la matière.

Par exemple, si vous vous faites une entaille, disons de trois centimètres, allez-vous trouver que c'est une blessure grave ou légère ? Une jeune fille délicate et sensible va en faire toute une histoire pendant une semaine entière, tandis qu'un solide gaillard n'y prêtera peut-être même pas attention, jusqu'à ce que la plaie guérisse toute seule.

Adopter le rôle de la « délicate jeune fille » ou du « solide gaillard » dépend entièrement de vous.

Si vous avez un esprit infiniment large, vous serez toujours en mesure de maintenir les choses dans leur juste perspective.

Cela me rappelle une histoire qui se trouvait dans mon manuel d'anglais, à l'université. Un roi passait toute sa journée à méditer ces trois questions fondamentales : Quelle est la personne la plus importante du monde ? Quelle est la chose la plus importante ? Quel est le moment le plus important pour agir ?

Il avait posé ces questions à ses courtisans et à

ses ministres, mais personne n'avait pu lui donner de réponses satisfaisantes ; il était très abattu.

Aussi sortit-il un jour de son palais, habillé comme n'importe lequel de ses sujets, et, après avoir longtemps marché, il arriva dans un coin perdu, où un vieil homme lui offrit l'hospitalité.

Au milieu de la nuit, un grand vacarme à l'extérieur le réveilla en sursaut, et un homme couvert de sang surgit brusquement dans la maison.

« Des hommes me poursuivent pour m'arrêter, expliqua l'inconnu. — Eh bien, abritez-vous un moment chez moi », répondit le vieil homme, qui le cacha dans une pièce.

Le roi était trop terrifié pour se rendormir, et, peu après, il vit des soldats arriver en courant. Ils demandèrent au vieillard s'il avait vu quelqu'un passer. « Je ne sais pas, répondit-il. Il n'y a personne d'autre ici. »

Les soldats repartirent en hâte. L'homme qu'ils traquaient remercia le vieillard et s'en fut de son côté. Le vieillard ferma la porte et retourna se coucher.

*Aimer les autres et prendre soin d'eux, c'est agir avec humanité ;*
*les comprendre, c'est agir avec vertu.*

Le lendemain, le roi demanda au vieil homme : « Comment se fait-il que vous n'ayez pas eu peur d'accueillir ce personnage ? Vous risquiez de terribles ennuis. Ç'aurait pu vous coûter la vie ! Et ensuite vous l'avez laissé repartir comme ça. Pourquoi ne lui avez-vous pas demandé qui il était ?

— Dans ce monde, répondit tranquillement le vieillard, la personne la plus importante est celle qui est devant vous et a besoin de votre aide ; la chose la plus importante est de l'aider ; et le moment le plus important pour le faire est l'instant présent – il n'est pas question d'hésiter, fût-ce une seconde. »

Tout s'éclaira soudain pour le roi : les trois questions philosophiques qui le tourmentaient depuis si longtemps avaient trouvé leurs réponses.

Cette histoire peut aussi servir d'illustration à l'enseignement confucéen.

Ce qu'il y a de plus caractéristique chez Confucius ou chez n'importe lequel des autres grands penseurs, en Chine ou ailleurs, passés et présents, c'est qu'ils tirent de leur propre expérience des vérités et des principes dont tout le monde peut se servir.

Ces vérités ne se trouvent pas dans les épais volumes des classiques et des chroniques anciennes, dans ces ouvrages qu'il faut lire avec une loupe et un énorme dictionnaire, et qu'on ne peut comprendre qu'au terme d'une vie d'étude laborieuse.

Les vrais sages cultivent la simplicité et ne parlent pas avec un air sévère et sombre. Ils nous transmettent leur expérience vivante, charnelle, de l'existence, à travers tous les grands bouleversements que le monde a connus, si bien que nous en ressentons encore la chaleur. Du fond des siècles, ils nous sourient, nous considèrent en silence, tandis que nous continuons de récolter les fruits de leurs paroles.

Confucius nous présente des vérités simples, qui nous aident à enrichir notre cœur et notre âme, et nous permettent de faire les bons choix sur le chemin de la vie. La première étape de ce voyage consiste à adopter l'attitude juste.

*Deuxième Partie*

# LA VOIE DU CŒUR ET DE L'ÂME

*À mesure que nous avançons dans la vie, les causes de regrets et de déceptions se multiplient. Si parfois nous n'avons pas la force de changer cet état de fait, ce que nous pouvons modifier, c'est notre attitude envers ces déboires.*

*L'une des choses les plus importantes que nous enseigne Confucius, c'est comment affronter le regret et la souffrance avec sérénité.*

*Mais la sagesse d'il y a deux mille cinq cents ans peut-elle réellement soulager les tourments des gens d'aujourd'hui ?*

*Nous sommes sur cette planète pour toute une vie*, comment notre existence pourrait-elle être dépourvue de regrets ? Dans ce monde, les gens trouveront toujours quelque chose qui ne va pas comme ils le souhaiteraient.

Confucius avait trois mille élèves, dont soixante-douze d'une sagesse et d'une vertu exceptionnelles ; et chacun d'eux, sans exception, avait ses problèmes. Comment percevaient-ils les regrets inhérents à la vie humaine ?

Un jour, l'un de ces élèves, Sima Niu, dit avec chagrin : « Tout le monde a des frères ; pourquoi suis-je le seul qui n'en ait pas ? »

Son condisciple Zixia le consola ainsi : « J'ai entendu dire que la vie et la mort dépendent du destin, que les richesses et les honneurs dépendent du ciel. L'homme honorable veille sans cesse sur sa propre conduite ; il est respectueux et civilisé. Entre les quatre mers (dans le monde connu des Chinois. *[N.d.T.]*), tous les hommes sont ses frères. L'honnête homme a-t-il lieu de s'affliger de n'avoir plus de frères ? »

Ces paroles peuvent se lire à plusieurs niveaux.

Puisque la vie et la mort, la richesse, le prestige et ce genre de choses sont déterminés par le destin, nous n'en avons pas la maîtrise. Il nous faut donc apprendre à les accepter et consentir à notre destinée.

D'ailleurs, en améliorant notre attitude, il nous devient possible de conserver un cœur sincère et respectueux, de réduire nos erreurs en paroles et en actions, et de veiller à traiter les autres avec courtoisie et respect.

Si vous parvenez à être sincèrement vous-même, partout les gens vous aimeront et vous respecteront comme un frère.

Par conséquent, si vous êtes un *junzi* accompli, pourquoi regretter de n'avoir pas de frères ?

Ces paroles, bien qu'elles ne viennent pas de la bouche même de Confucius, expriment l'une des valeurs qu'il prônait.

Il faut d'abord tâcher de regarder en face les regrets de sa vie et les accepter aussi rapidement que possible. On ne doit pas rester empêtré dans la déception, en maudissant le sort et en s'interrogeant sans cesse sur les causes d'un échec – ce qui ne peut qu'aggraver la souffrance.

Ensuite, il faut autant que possible compenser cette déconvenue en entreprenant quelque chose que l'on *peut* faire.

*Reconnaître les aspects insatisfaisants de la vie et les surmonter par ses propres efforts c'est précisément l'attitude que nous recommande Confucius face aux déconvenues de la vie.*
*Si l'on ne peut accepter ces contrariétés, quelles en seront les conséquences dans l'avenir ?*

Une seule déception peut prendre des proportions considérables. Et avec quel résultat ? « Ne pleurez jamais d'avoir perdu le soleil ; les larmes vous empêcheraient de voir les étoiles », affirmait le poète indien Tagore.

Dans un vieux magazine, j'ai lu cette histoire à propos de la joueuse de tennis britannique Gem Gilbert :

Quand elle était petite, Gem vécut un terrible traumatisme : elle avait accompagné sa mère chez le dentiste, pour une simple visite de contrôle, mais la séance tourna au drame, et l'enfant vit sa mère mourir dans le fauteuil du praticien.

Malgré tous ses efforts, ce souvenir ne cessait de la hanter. La seule chose qu'elle pouvait faire, c'était de ne jamais aller chez le dentiste.

Les années passèrent, et elle devint une grande joueuse de tennis. Un jour, elle eut une telle rage de dents qu'elle accepta finalement de faire venir un dentiste chez elle pour qu'il lui arrache la dent qui la torturait. Mais lorsque le chirurgien eut fini d'installer son matériel, il découvrit en se tournant vers elle que Gem Gilbert était morte.

Telle est la force de la suggestion psychologique ! Une seule infortune peut prendre de telles proportions qu'elle vous obsède et vous gâche entièrement la vie. Si vous êtes ainsi hanté par des regrets dont vous ne pouvez vous libérer, ils peuvent vous détruire physiquement aussi bien qu'émotionnellement.

*Puisqu'il est impossible d'éviter les déboires dans notre existence, la position que nous adoptons envers eux est extrêmement importante. Une attitude différente peut apporter une tout autre qualité de vie.*

Dans une petite ville vivait une jeune fille très pauvre. Elle avait perdu son père, et sa mère et elle tiraient un maigre revenu de petits travaux artisanaux. Elle faisait de terribles complexes, parce qu'elle ne pouvait jamais porter de jolis vêtements ou le moindre bijou.

Le Noël de ses dix-huit ans, sa mère, pour la première fois, lui remit une bourse avec un peu d'argent, en lui disant de s'offrir ce dont elle avait envie.

Une telle chance dépassait ses rêves les plus fous, mais elle n'osait toujours pas se promener dans la ville avec assurance. En se dirigeant vers les magasins, la bourse serrée dans la main, elle longeait les murs pour éviter les passants.

Tout en cheminant, elle songeait que les gens qu'elle croisait avaient une meilleure vie qu'elle, et elle se disait tristement : « Je ne pourrai jamais me promener ici la tête haute ; je suis la fille la plus minable de l'endroit. » Apercevant alors le jeune homme qu'elle admirait en secret, elle se demanda avec mélancolie qui serait son cavalier au grand bal de la nuit de Noël.

Broyant ainsi du noir, elle arriva devant une vitrine pleine de toutes sortes de parures. Elle entra et tomba en arrêt devant le rayon des barrettes. Un vendeur s'approcha : « Quels jolis cheveux blonds vous avez ! Essayez donc cette fleur vert pâle, elle vous irait à merveille. » Comme celle-ci coûtait presque tout l'argent dont la jeune fille disposait, elle répondit : « Je ne peux pas me l'offrir, n'en parlons plus. » Mais le vendeur avait déjà fixé la barrette sur sa chevelure.

Il lui tendit un miroir. Elle ne s'était jamais vue

ainsi : rayonnante de santé et de beauté, comme si la fleur l'avait transformée en ange ! Sans hésiter un instant, elle ouvrit sa bourse et acheta l'ornement. Ivre d'une exaltation qu'elle n'avait jamais éprouvée jusqu'alors, elle ramassa sa monnaie et se précipita dehors, heurtant un vieil homme qui venait d'entrer. Elle crut l'entendre l'appeler, mais, trop excitée pour s'en soucier, elle poursuivit son chemin, les pieds touchant à peine le sol.

Lorsqu'elle revint à elle, elle se trouvait dans la grand-rue. Tout le monde lui jetait des regards surpris, et elle entendait les gens s'exclamer : « Je ne savais pas qu'il y avait une aussi jolie fille dans cette ville, qui sont donc ses parents ? » Elle croisa de nouveau le jeune homme qu'elle aimait en secret et, à sa grande surprise, il l'arrêta pour lui demander : « Me feriez-vous l'honneur d'être ma cavalière au bal de ce soir ? »

Transportée de joie, la jeune fille se dit : « Pour une fois, je vais faire des folies. Je retourne m'acheter un autre cadeau avec la monnaie qui me reste. »

À peine eut-elle franchi la porte du magasin que le vieil homme lui dit avec un sourire : « J'étais sûr que vous reviendriez ! Quand vous m'avez heurté, votre barrette est tombée. J'ai donc attendu que vous reveniez la chercher… »

Ainsi s'achève cette histoire. La jolie pince à cheveux n'avait pas dissipé toute la tristesse de la vie de la jeune fille, mais sa nouvelle confiance en soi l'avait transformée.

Mais d'où vient la confiance en soi ? Du calme intérieur constant et de l'allure aisée, sereine, qui sont la marque du véritable *junzi*, l'homme honorable.

Sima Niu demanda à Confucius ce qu'était un

homme honorable. Le maître répondit : « L'homme honorable est exempt d'inquiétude et de crainte.

— Pour être honorable, suffit-il d'être exempt d'inquiétude et de crainte ? » insista Sima Niu.

Le maître répondit : « Celui qui, examinant son for intérieur, ne reconnaît en lui aucune souffrance, quelle inquiétude, quelle crainte aurait-il ? » (XII, 4.)

Comme le dit le dicton populaire : « Celui qui a la conscience tranquille n'est pas effrayé si l'on frappe à sa porte à minuit. »

À première vue, ne rien trouver à regretter ou à se reprocher en examinant sa conduite peut paraître très banal. Chacun de nous peut le prétendre. Mais, à y regarder de plus près, c'est l'exigence suprême. Réfléchissez-y : que la moindre chose que nous ayons faite dans notre vie soit au-dessus de tout reproche est une gageure considérable. Voilà pourquoi Confucius en faisait le critère de l'honnête homme.

Comment alors acquérir cette force d'âme qui nous permettrait de vivre sans souci, indécision et crainte ?

Si nous voulons atteindre cette sérénité, il nous faut être indifférents aux gains comme aux pertes, surtout d'ordre matériel. Confucius qualifiait d'« hommes de peu », d'« hommes vils » ou « vulgaires » ceux qui se préoccupent trop des gains et des pertes.

Le maître dit : « Convient-il de faire admettre à la cour des hommes vils et de servir le prince avec eux ? Avant d'avoir obtenu les charges, ils sont en peine de les obtenir. Après les avoir obtenues, ils sont en peine de les conserver. Alors ils ne reculent devant aucun crime pour ne pas les perdre. » (XVII, 15.)

Celui qui est obsédé par les profits et les pertes

matériels ne peut jamais avoir un cœur ouvert ou un esprit serein, pas plus qu'un courage véritable.

*Qu'est-ce que le vrai courage ? En quoi se distingue-t-il de la témérité ? Et que nous dit Confucius à propos du courage ?*

Confucius avait un disciple appelé Zilu, homme très impulsif qui prisait le courage.

« Ma voie n'est pas suivie, dit un jour Confucius. Si je montais sur un radeau et me confiais aux flots de la mer, celui qui me suivrait, ne serait-ce pas Zilu ? » Zilu, entendant ces paroles, en éprouva une grande joie. Le maître ajouta : « Zilu, tu as plus d'audace que moi ; mais tu n'as pas le discernement nécessaire pour bien juger. » (V, 6 ou 7.)

*Le maître dit : « Fût-on réduit à manger une nourriture grossière, à boire de l'eau et à reposer la nuit la tête appuyée sur son bras, on y trouvera de la joie au milieu de ses privations. Les richesses et les dignités obtenues injustement me paraissent comme des nuages qui passent. » (VII, 15 ou 16.)*

Mais un autre jour, Zilu demanda à son maître : « L'homme honorable ne tient-il pas la bravoure en grande estime ? » Le maître répondit : « L'homme honorable met la justice au-dessus de tout. Le *junzi* qui a de la bravoure et ne respecte pas la justice provoque le désordre. Un homme de peu qui a de la bravoure et manque de justice devient un brigand. » (XVII, 21, 22 ou 23.)

Pour un honnête homme, priser le courage n'a rien de mauvais, mais ce doit être un courage contrôlé, mesuré, fondé sur la justice. Seule la bravoure qui place la justice au-dessus de tout est un courage véritable. Sinon, il est à craindre que le *junzi* ne se serve de sa bravoure pour déclencher des troubles, tandis que l'homme vil risque de tomber dans le brigandage.

Les bandits pénètrent chez les gens par effraction, commettent des cambriolages, voire des meurtres, mais on ne peut leur reprocher de n'être pas courageux. Pourtant ce courage, que ne tempère pas la justice, est ce qu'il y a de plus nuisible pour la société.

Qu'est-ce donc que la justice, et comment distinguer le bien du mal ?

Il est clair que c'est une forme de retenue intérieure. « On s'égare rarement en s'imposant des règles sévères », disait Confucius. (VII, 22 ou 23.) Autrement dit, si l'on exerce cette retenue intérieure, on commettra moins d'erreurs dans la vie.

Si vous vous examinez sincèrement chaque jour sur trois choses (maître Zeng dit : « Je m'examine chaque jour sur trois choses : si, traitant une affaire pour un autre, je ne l'ai pas traitée sans loyauté ; si, dans mes relations avec mes amis, je n'ai pas manqué de sincérité ; si je n'ai pas négligé de mettre en pratique les leçons que j'ai reçues. » [I, 4.]), si vous atteignez véritablement l'état où « quand vous rencontrez un sage, vous mettez toute votre énergie pour l'égaler en vertu ; si vous tournez votre attention sur vous-même lorsque vous rencontrez un homme de moindre valeur », alors vous ferez preuve de retenue. Être capable de méditer ses faiblesses pour s'efforcer courageusement de les corriger, tel est le courage véritable que recommandent Confucius et ses émules.

Bien des siècles après, l'écrivain et homme d'État Su Shi (1037-1101) a décrit ce « grand courage » dans *Rester en arrière* :

> *Celui que les Anciens appelaient homme de courage et de talent exceptionnels doit avoir une retenue qui dépasse celle des hommes ordinaires. Il y a des choses que les humains ne peuvent supporter. Quand l'homme ordinaire a été humilié, il tire son épée et se précipite à l'attaque ; la bravoure, ce n'est pas cela. Il existe des hommes de grand courage qui n'ont pas peur quand on les assaille à l'improviste, qui ne se mettent pas en colère quand on les critique sans raison. C'est que ces hommes ont de hautes ambitions et des aspirations élevées.*

La personne véritablement courageuse, dit Su Shi, a « une retenue qui dépasse celle des hommes ordinaires ». Elle peut supporter une terrible humiliation publique, comme le célèbre général Han Xin qui, en présence d'une foule nombreuse, avait préféré ramper entre les jambes de l'homme qui l'avait défié plutôt que de risquer deux vies dans un duel. Cela ne l'empêcha pas de remporter une série de victoires décisives à la guerre. Un homme comme lui n'aurait jamais succombé à un mouvement de violence rien que pour un instant de satisfaction personnelle. C'est parce que sa confiance était dominée par la raison et une sérénité constante – fruits d'une grande largeur d'esprit et d'aspirations élevées.

Un tel homme, dit Su Shi, n'éprouve aucune crainte devant l'inattendu. Cet état d'esprit est très difficile à atteindre. Nous pouvons essayer d'être respectueux et honnêtes, et de ne pas blesser autrui, mais comment contenir notre colère quand on nous offense sans raison aucune ?

Par exemple, si un homme est victime lundi d'une correction soudaine, violente et immotivée, le mardi il s'en plaindra à tous ses amis ; le mercredi il sera déprimé et ne voudra voir personne ou aller nulle part ; le jeudi il commencera à se disputer avec sa famille sous le moindre prétexte, et ainsi de suite.

Qu'est-ce que cela signifie ? Tout simplement que chaque fois que vous racontez à nouveau l'histoire, vous êtes rossé de nouveau ; que même longtemps après que l'événement est passé vous en souffrez encore jour après jour.

Quand un malheur arrive, la meilleure manière d'y faire face, c'est de le laisser passer aussi vite que possible. Ainsi vous libérerez du temps pour les choses qui importent davantage, ainsi vous vivrez plus utilement et dans un meilleur état émotionnel.

Su Shi était un homme très accompli. Lui et Foyin, un important moine bouddhiste, méditaient souvent ensemble. Foyin était un homme simple et honnête, et Su Shi le taquinait volontiers. Il était très content de ses bons tours, et en rentrant chez lui il aimait les raconter à sa sœur Su Xiaomei.

Un jour où les deux hommes méditaient de concert, Su Shi demanda à Foyin : « Regarde-moi, à quoi est-ce que je ressemble ?

— Je trouve que tu ressembles à une statue du Bouddha. »

Su Shi éclata de rire et dit à Foyin : « Sais-tu ce que tu m'évoques, assis comme ça ? Une grosse bouse de vache. »

Foyin, comme d'habitude, resta coi.

De retour chez lui, Su Shi se vanta de sa plaisanterie à Su Xiaomei.

Celle-ci haussa les épaules et dit à son frère : « Comment peux-tu méditer avec aussi peu de discernement ? Sais-tu quel est le but de la méditation ? C'est d'arriver à voir le cœur et l'essence des choses : ce qui est dans ton cœur apparaît devant tes yeux. Foyin a dit que tu lui évoquais un bouddha, cela montre qu'il y a un bouddha dans son cœur ; si tu vois en Foyin une bouse de vache, imagine ce qu'il doit y avoir dans le tien ! »

Cela peut s'appliquer à chacun de nous. Réfléchissez-y : nous vivons tous sur la même planète, mais certains mènent une existence heureuse, tandis que d'autres gémissent et rouspètent à longueur de journée. Leurs vies sont-elles pourtant vraiment si différentes ?

C'est la vieille histoire du verre à moitié plein et à moitié vide. Tout est affaire d'attitude.

Dans la société actuelle, où règne une concurrence féroce, il est plus important qu'à aucun autre moment de l'Histoire de savoir rester positif.

Nous devrions toujours conserver cela à l'esprit. Confucius disait : « L'homme honorable en impose, sans orgueil. L'homme de peu est orgueilleux, mais n'en impose pas. » (XIII, 26.) Parce qu'il a l'esprit paisible, égal et courageux, le *junzi* irradie naturellement la sérénité et le bien-être ; l'homme vil arbore une façade de morgue et de suffisance, parce que son esprit est agité et mal à l'aise.

« La bonté sans inquiétudes ; la connaissance sans incertitudes ; le courage sans peur, tels sont les trois principes qui guident l'homme noble », disait Confucius (XIV, 28 ou 30), bien que, dans sa grande modestie, il assurât n'y être pas encore parvenu.

Qu'entend-on par la « bonté sans inquiétudes » ?

Quelqu'un qui a un grand cœur, plein d'humanité et de vertu, et un esprit exceptionnellement bienveillant, tolérant et généreux, sera capable de surmonter toutes sortes de menues contrariétés et de ne pas s'offusquer de broutilles. Aussi évitera-t-il d'être obsédé par des gains et des pertes sans importance. Seule une telle personne peut véritablement connaître la paix intérieure et s'affranchir des doutes et des craintes.

Que signifie la « connaissance sans incertitudes » ?

Il y a encore cinquante ans, la plupart des Chinois passaient leur vie entière dans le même emploi, quand ce n'était pas dans la même cour d'immeuble ; de même, le divorce était presque inconnu. Ce qui préoccupait les gens, c'était la monotonie de l'existence et le manque de choix.

Aujourd'hui, au contraire, notre société bouillonnante et florissante nous accablerait plutôt d'une multitude excessive de choix.

Nous n'avons aucune maîtrise du monde extérieur ; tout ce que nous pouvons faire, c'est améliorer notre capacité à choisir. Quand nous comprendrons comment effectuer les choix, comment accepter ou refuser, nos inquiétudes et nos irritations cesseront. Voilà ce que Confucius entendait par la « connaissance sans incertitudes ».

Que veut dire, enfin, le « courage sans peur » ?

Lorsque deux gaillards en viennent aux coups, c'est toujours le plus brave qui l'emporte. Autrement dit, quand vous aurez suffisamment de courage et de confiance, vous vous sentirez assez fort pour faire front hardiment, et vous n'aurez plus peur.

Quand un véritable *junzi* acquiert bonté intérieure, sagesse et courage, ses inquiétudes, indécisions et peurs se réduisent en conséquence.

Cela me rappelle une histoire du Japonais Daisetsu Suzuki. Pendant la période d'Edo (1615-1868), un maître de thé était au service d'un puissant seigneur. Nul n'ignore qu'au Japon la cérémonie du thé est l'une des formes de la méditation zen.

Un jour, le seigneur décida de se rendre dans la capitale pour ses affaires. Ne pouvant supporter l'idée de se séparer de son maître de thé, il lui dit : « Viens avec moi, pour que je puisse boire ton thé tous les jours. »

À cette époque, le Japon était un pays dangereux. Des bandits et des samouraïs sans maître, les rônins, écumaient la campagne et terrorisaient les habitants.

Effrayé, le maître de thé dit à son seigneur : « Je ne connais rien au maniement des armes ; si je suis attaqué en chemin, comment vais-je m'en sortir ?

— Prends un sabre et mets une tenue de samouraï. »

Le maître de thé dut se résigner. Il revêtit des habits de samouraï et partit avec son suzerain pour la capitale.

Un jour où son maître vaquait à ses affaires et où le maître se promenait seul dans la ville, celui-ci fut abordé par un rônin, qui lui lança ce défi : « Nous sommes tous deux des guerriers ; voyons comment tu manies le sabre.

— Je ne connais rien aux armes, répondit le malheureux en tremblant. Je ne suis qu'un maître de thé.

— Tu n'es pas un samouraï, et pourtant tu en portes l'habit. Si tu as le moindre amour-propre, tu vas périr sous ma lame. »

Le maître de thé eut beau se torturer le cerveau, il n'y avait manifestement aucun moyen de se sortir de cette situation. « Épargne-moi quelques heures, le temps que j'achève les tâches que m'a confiées mon seigneur. Retrouvons-nous cet après-midi au bord du lac. »

Le rônin réfléchit un instant et accepta, avant d'ajouter : « Sois là, sinon… »

Le maître de thé se rendit aussitôt dans la plus célèbre école d'arts martiaux de la capitale ; il s'approcha du maître d'armes et lui dit : « Je vous en supplie, enseignez-moi la façon la plus honorable de mourir pour un samouraï ! »

Le maître d'armes fut très surpris. « Les gens viennent chercher ici un art de vivre ; tu es le premier qui veuille apprendre à mourir. Comment cela se fait-il ? »

Le maître de thé raconta sa rencontre avec le rônin et expliqua : « Je ne sais rien faire d'autre que le thé, et je dois aujourd'hui me battre en duel avec cet homme. Je vous supplie de m'apprendre comment agir. Tout ce que je veux, c'est mourir honorablement.

— Très bien, répondit le maître d'armes. Fais-moi du thé, et je vais t'expliquer comment te conduire.

— C'est peut-être le dernier thé que je prépare en ce monde », déclara le maître de thé avec une profonde tristesse.

Il se mit au travail avec une parfaite concentration, regarda calmement l'eau de source arriver à ébullition sur le petit fourneau, plaça les feuilles de thé dans la théière, lava le thé, le filtra et le versa lentement dans un bol, qu'il prit à deux mains et tendit avec révérence au maître d'armes.

Celui-ci avait suivi avec attention tout ce cérémonial. Il prit une gorgée et dit : « C'est le meilleur thé que j'aie bu de ma vie. Je peux déjà t'assurer que rien ne t'impose de mourir.

— Qu'allez-vous m'enseigner ?

— Je n'ai rien à t'apprendre. Quand tu te trouveras devant ce rônin, tout ce que tu auras à faire, c'est te rappeler l'état d'esprit dans lequel tu as préparé le thé. Tu n'as besoin de rien d'autre. »

Le maître de thé se rendit alors à son rendez-vous. Le rônin l'attendait déjà, et dès qu'il arriva il dégaina son sabre en disant : « Que le duel commence ! »

Le maître de thé avait médité les paroles du maître d'armes tout le long du chemin, aussi fit-il face à son adversaire avec exactement le même état d'esprit que lorsqu'il préparait le thé.

Il fixa son adversaire droit dans les yeux, puis ôta posément son chapeau et le posa à ses pieds. Il enleva ensuite son manteau, le plia lentement et le disposa avec le plus grand soin sous le chapeau ; puis il sortit des bandelettes, noua solidement les manches de son kimono à ses poignets, puis les jambes de son pantalon à ses chevilles. Il se prépara au combat de pied en cap, sans se départir un instant de la plus parfaite sérénité.

Le rônin commençait à s'inquiéter. Plus il regardait, plus sa confiance s'effritait : il n'arrivait pas à deviner quel était réellement le talent d'escrimeur de son adversaire. Le regard et le sourire de ce dernier n'étaient pas pour le rassurer.

Pour finir, dans un sifflement fulgurant, le maître de thé fit jaillir son sabre du fourreau, le leva au-dessus de sa tête… et en resta là, parce qu'il ne savait pas quoi faire ensuite.

À ce moment-là, le rônin se jeta à genoux en criant : « Épargne ma vie, je t'en supplie ! Je n'avais encore jamais rencontré guerrier si accompli ! »

Ce qui avait assuré la victoire du maître de thé, ce n'était naturellement pas son talent d'escrimeur, mais le courage de son cœur et son assurance détendue : l'attitude avec laquelle il avait affronté la situation.

La technique et l'habileté ne sont pas l'essentiel. Pour pleinement comprendre ce qui va au-delà de la simple aptitude, il nous faut faire appel à notre cœur et à notre âme.

On voit que les règles de conduite que nous recommande Confucius ne sont pas essentiellement une critique sévère du monde qui nous entoure, mais un bon usage du temps et de l'énergie limités dont nous disposons, ainsi qu'une invitation à tourner notre critique vers l'intérieur, vers notre propre cœur et notre propre esprit.

Nous devrions tous nous montrer un peu plus stricts envers nous-mêmes, et un peu plus honnêtes et tolérants envers les autres.

Voilà pourquoi seul un *junzi* véritable est capable de

« ne pas blâmer le ciel, de ne pas blâmer l'homme », de ne pas se plaindre que le destin ne lui ait pas donné la chance qu'il méritait, de ne pas déplorer que personne au monde ne le comprend.

*Si l'on s'est affranchi des inquiétudes, de l'indécision et de la peur, on aura naturellement moins de sujet de se plaindre du monde environnant, et l'on parviendra de mieux en mieux à rester heureux. Accroître notre capacité à rester heureux est la plus grande chose que nous puissions apprendre.*

Un cœur fort et une âme forte permettent de surmonter les regrets inévitables, ainsi que les erreurs évitables que l'on commet dans la vie ; ils apportent aussi rigueur, bonne humeur, et l'existence le plus pleine et le plus effective possible. Chaque jour sera pour vous une renaissance, et vous montrerez aux autres comment jouir de toutes les merveilles de la vie.

Si vous êtes lucide et généreux, franc et courageux, vous allez peut-être recueillir toutes sortes de bienfaits inattendus, et tout le monde sera bien disposé à votre égard. Mais, si vous deviez être le contraire de cela, un maître comme Confucius ne gaspillerait pas pour vous sa salive.

« Si vous refusez d'instruire un homme qui a les dispositions requises, vous perdez un homme, disait Confucius. Si vous enseignez un homme qui n'a pas les dispositions nécessaires, vous perdez vos instructions. Un sage ne perd ni les hommes ni ses enseignements. » (XV, 7 ou 8.)

Si vous voulez être de ceux à qui l'on peut parler, la clé est d'avoir toujours un esprit clair et ouvert. Dans le monde fiévreux d'aujourd'hui, toujours plus compliqué, il est essentiel d'adopter l'attitude tolérante et positive du *junzi*. Confucius nous montre la voie.

*Troisième Partie*

# LA VOIE DU MONDE

*Dans le monde contemporain, avec le courrier électronique et le téléphone portable, nous sommes constamment en relation avec des gens à des milliers de kilomètres de distance, mais nous ne faisons aucun effort pour connaître nos voisins immédiats.*

*Plus que jamais, la façon dont nous nous comportons avec les autres est fondamentale.*

*Dans cet environnement social compliqué, comment devons-nous traiter les autres ?*

*Quand nous sommes victimes d'une injustice, comment devons-nous réagir ? Quels principes devons-nous adopter avec nos proches ?*

*Confucius nous donne toutes sortes de règles* sur la façon de nous conduire convenablement dans la société. De prime abord, ces règles peuvent paraître figées, voire rigides, mais en fait elles présentent une souplesse surprenante.

En résumé, il nous indique non seulement les principes qui devraient régir nos actions, mais jusqu'où les suivre.

Nous nous demandons souvent ce que nous devrions faire et ne pas faire, ce qui est bon et mauvais.

En réalité, dans ce domaine, les choses ne peuvent se distinguer selon les idées simples du bien et du mal, du oui ou du non. Le moment où nous agissons et l'engagement que nous y mettons ont aussi une influence directe sur la manière dont nous devrions procéder. Confucius insiste particulièrement sur les limites à respecter. Autant que possible, en faisant quelque chose, il faut éviter à la fois l'excès et l'insuffisance : observer le juste milieu.

Ainsi, bien qu'il recommandât l'humanité et le souci

de l'autre, Confucius ne croyait pas qu'il fallait pardonner toutes les fautes sans discrimination.

« Que faut-il penser de celui qui répond à l'inimitié par la vertu ? » lui demanda quelqu'un. Le maître déclara : « Que rendrez-vous à la vertu ? Répondez à l'inimitié par la rectitude, et à la vertu par la vertu. » (XIV, 34 ou 36.)

Ce que Confucius recommande ici, c'est le respect de la dignité humaine.

Naturellement, il ne conseillait pas de répondre au mal par le mal. Si nous réagissons constamment aux torts qui nous sont faits par la malveillance et la rancune, nous serons pris dans un cercle vicieux. Nous ne sacrifierons pas seulement notre propre bonheur mais aussi celui de nos petits-enfants.

Répondre au mal par le bien n'est pas souhaitable non plus : ne gaspillons pas notre bonté et notre indulgence.

Mais il existe une troisième attitude : affronter les outrages avec calme, équité, justice, largeur d'esprit et rectitude – autrement dit, avec une morale élevée. Confucius ajoutait qu'il nous faut réserver nos sentiments et nos talents aux situations qui les méritent.

À une époque où l'on s'efforce d'éviter de gaspiller les ressources, on néglige la désolation spirituelle et le gaspillage d'énergie qui se produisent quotidiennement dans notre propre corps.

La prospérité matérielle et l'accélération des rythmes de la vie exigent aujourd'hui de nous des décisions très rapides. Il nous faut choisir la meilleure façon de vivre, qui soit aussi véritablement la nôtre.

*Dans la vie, nous assistons souvent à ce genre de situations déconcertantes :*
*Un père et une mère sont bons avec leurs enfants, et pourtant cela ne fait que les éloigner d'eux. Des amis aussi proches que possible, qui finissent toujours par se blesser mutuellement.*
*Des gens s'efforcent d'avoir une relation étroite avec leurs supérieurs et leurs collègues, et néanmoins arrivent souvent au résultat inverse.*
*Comment expliquer cela ?*

Confucius déconseillait l'excès de distance comme celui d'intimité. Aller trop loin est aussi mauvais que ne pas aller assez loin. L'intimité extrême n'est pas la condition idéale pour deux personnes qui veulent s'entendre durablement.

Comment alors construire de « bonnes » relations ?

Ziyou, un disciple de Confucius, disait : « Celui qui par des avis réitérés se rend importun à son prince tombe dans la disgrâce ; celui qui par des remontrances réitérées se rend importun à son ami perd son amitié. » (IV, 25 ou 26.) Autrement dit, dans la vie courante, si vous êtes toujours à tourner autour de vos supérieurs, que votre présence soit requise ou non, vous ne tarderez pas à vous attirer des rebuffades. De même, si vous êtes toujours collé à votre ami, tout inséparables que vous paraissiez, vous allez finir par l'agacer.

Il était une fois un groupe de porcs-épics qui essayaient de se tenir chaud l'hiver. Dès qu'ils se serraient trop les uns contre les autres, ils se piquaient mutuellement et devaient aussitôt s'écarter. Mais, à ce moment-là, ils ne se tenaient plus chaud. Il leur fallut une bonne partie de l'hiver pour trouver la bonne distance : celle à laquelle ils se tenaient chaud sans se blesser les uns les autres.

Aujourd'hui en Chine, surtout dans les grandes villes, les vieilles cours abritant plusieurs familles ont été détruites et remplacées par des immeubles. Adieu l'époque où Mme Tchang faisait des beignets et les partageait avec ses voisins ; fini le temps où tous les habitants d'une cour fêtaient le nouvel an ensemble, une table pour les adultes, une autre pour les enfants. Maintenant, il arrive souvent que des gens qui vivent sur le même palier depuis trois ou quatre ans se connaissent à peine.

Nos relations avec nos voisins s'étant refroidies, il nous est plus difficile de communiquer.

Les rares amis que nous avons conservés en supportent d'autant plus le poids.

Vous vous dites peut-être : si mon meilleur ami me traitait un peu mieux, je m'efforcerais d'être plus attentionné avec lui. Ou encore : « Si tu as des problèmes familiaux, une dispute avec ton conjoint, par exemple, pourquoi ne me le dis-tu pas ? Je pourrais apporter ma médiation ! »

C'est ce que nous pensons la plupart du temps. Mais nous ferions mieux d'écouter Ziyou : l'excès d'intimité ne peut que nuire aux relations.

Alors comment devons-nous nous comporter avec nos amis ?

À une question portant sur ce sujet, Confucius répondit : « Avertis tes amis avec franchise et conseille-les avec douceur. S'ils n'approuvent pas tes avis, arrête, plutôt que de risquer un affront. » (XII, 22 ou 23.)

Avec les bons amis, il faut aussi des limites. Le mieux est souvent l'ennemi du bien.

*Confucius nous avertit que, avec les amis comme avec les supérieurs, nous devons conserver une certaine distance et savoir où se situent les limites entre l'intimité et la discorde.*
*Alors, avec les membres de notre famille, qui nous sont plus chers que n'importe qui, pouvons-nous être aussi proches que nous le souhaitons ?*
*Ou devons-nous aussi maintenir une certaine distance entre amants, parents et enfants, mari et femme ?*

Les psychologues qualifient de « comportement non aimant » cette attitude fréquente dans le monde moderne selon laquelle, au nom de l'amour, les gens se conduisent de manière possessive, coercitive, avec les êtres les plus chers : le mari avec sa femme, les amants entre eux, la mère avec son fils, le père avec sa fille.

« Pense à tout ce que j'ai quitté pour fonder une famille avec toi, dira-t-on à son conjoint. Alors il faudrait me montrer un peu plus d'égards. »

Combien de mères disent à leur enfant : « Écoute, pour t'avoir, j'ai renoncé à ma carrière, j'ai tout sacrifié pour toi. Alors tu pourrais faire des efforts à l'école, non ? »

Ce sont là des exemples de comportements non aimants : une sorte de contrainte au nom de l'amour, pour que nos proches se conduisent comme nous le souhaitons.

L'amour, explique un psychologue britannique,

consiste presque toujours à rapprocher plus étroitement les gens. Mais il existe une variété d'amour, et une seule, dont l'objectif est la séparation : l'amour des parents pour leurs enfants. L'amour parental vraiment réussi doit aboutir à rendre l'enfant indépendant de ses parents le plus tôt possible. Plus la séparation se produit rapidement, plus les parents ont réussi leur mission.

Dans cette perspective, l'indépendance et une distance respectueuse sont essentielles à la dignité personnelle de l'individu ; et ce respect doit être maintenu, même avec les personnes dont nous sommes le plus proches.

Entre parents et enfants, ou dans un vieux couple, dès lors que cette distance respectueuse est rompue, que la ligne a été franchie, quand on devient « importun », comme le dit Confucius, si bien que nous ne sommes plus convenablement indépendants l'un de l'autre, les problèmes surgissent. Un malaise caché, la brouille ou même la rupture totale des relations ne sont pas loin.

*Avec les amis comme avec la famille, nous devrions tous savoir où se situent les limites. La modération est la meilleure attitude.*
*Et dans le travail, est-il vrai que nous ayons toujours intérêt à être le plus enthousiaste possible ? Est-il vrai que plus nous travaillons mieux cela vaut, que cela fasse partie de nos attributions ou non ? Dans le travail, y a-t-il aussi des limites que nous devons respecter ?*

Confucius nous enseigne que nous devons traiter équitablement chaque personne, maintenir une distance pleine de tact et laisser à chacun l'espace nécessaire.

Cela ressemble beaucoup à ce que les bouddhistes zen appellent « la fleur pas entièrement ouverte, la lune pas entièrement pleine ».

C'est la meilleure situation qui puisse exister entre les individus. Car, dès qu'une fleur s'épanouit, elle commence à se faner ; dès que la lune est pleine, elle commence à décroître. Juste avant ce stade, l'attente, l'aspiration subsiste encore.

Il en va toujours ainsi, avec les amis comme avec la famille. Si vous leur laissez de l'espace, vous verrez s'ouvrir de nouveaux horizons.

*Le maître dit : « Adonnez-vous à l'étude avec une foi profonde, conservez le bon chemin jusqu'à la mort. N'entrez pas dans un pays troublé ; ne demeurez pas dans un État en rébellion. Si le monde suit la voie, montrez-vous, sinon cachez-vous. Si le pays suit la voie, ayez honte de n'avoir ni richesses ni honneurs. Mais, s'il ne la suit pas, ayez honte d'en avoir. » (VIII, 13.)*

Dans les entreprises étrangères, ainsi que le découvrent les étudiants chinois qui y font des stages, le directeur des ressources humaines vous remet dès votre embauche une description écrite détaillée de votre emploi. Tout le monde en a une, du plus modeste employé aux membres de la direction générale.

En Chine, généralement, on vous indique vos tâches mais pas la quantité de travail que vous devez fournir. On vous dit toujours que les jeunes doivent travailler dur et bien, que, si vous travaillez comme trois, c'est formidable parce que vous allégez le fardeau commun. Mais cela ne correspond pas du tout à l'esprit de la gestion moderne d'entreprise. Le responsable d'une activité doit être le seul à s'en occuper, afin que tout le monde œuvre ensemble selon une stratégie cohérente.

« Ne vous mêlez pas des affaires publiques dont vous n'avez pas la charge », dit Confucius. (XIV, 26 ou 27 ; VIII, 14.) Autrement dit, quelles que soient vos attributions, vous devez faire votre devoir, mais sans excéder vos fonctions ni vous mêler des affaires des autres. Notre société moderne serait bien avisée de respecter cette attitude professionnelle envers le travail.

Le corollaire évident, c'est que, si vous en avez effectivement la charge, vous devez vous mêler des affaires publiques. Dans ces conditions, quelle est la bonne manière de faire face à ses responsabilités ?

« Dans le gouvernement d'ici-bas, précise Confucius, l'homme honorable ne veut ni ne rejette rien avec opiniâtreté. La justice est sa règle. » (IV, 10.)

Cela signifie que le *junzi* n'essaie pas de forcer les choses, ne s'oppose pas sans raison, n'est ni trop exigeant ni trop détaché, ni trop proche ni trop distant, mais opère avec morale et justice. Nous devrions tous agir selon les principes de la morale et de la justice.

Confucius attachait beaucoup plus d'importance aux actions qu'aux paroles. Les vantards lui inspiraient la plus grande méfiance : « Chercher à plaire aux hommes par des discours étudiés et un extérieur composé est rarement signe de plénitude humaine. » (I, 3.)

Que recommandait donc Confucius ? Tout simplement de parler peu et d'agir davantage. Il faut montrer de l'enthousiasme dans ses actions mais parler « avec circonspection » ; ne pas proposer de faire quelque chose quand on ne le peut pas. « Les ennuis viennent de la bouche », dit le dicton chinois.

Zizhang voulait obtenir un poste important dans la société ; il demanda conseil à son maître. Confucius lui répondit : « Après avoir entendu dire beaucoup de choses, laisse de côté celles qui sont douteuses, dis les autres avec circonspection, et tu ne t'en blâmeras pas. Après avoir beaucoup vu, laisse ce qui serait dangereux et fais le reste avec précaution ; tu auras rarement à te repentir. Si tes paroles t'attirent peu de blâme et tes actions peu de repentir, les responsabilités viendront d'elles-mêmes. » (II, 18.)

Il nous faut bien distinguer l'expérience directe, personnelle, de l'expérience indirecte – ce que nous avons appris des autres, y compris leurs frustrations et leurs mésaventures. L'expérience indirecte doit être utilisée avec la plus grande prudence, même si elle nous paraît certaine – et, dit Confucius, nous aurons rarement à nous en repentir.

De même, nous devons nous méfier du témoignage de nos yeux. La confusion résulte pour l'essentiel d'un champ de vision limité : comment une grenouille au fond d'un puits peut-elle comprendre l'immensité de l'océan ou du ciel ?

Une fois que nous avons acquis une vaste expérience, il nous faut encore agir avec précaution,

« comme au bord d'un gouffre profond, comme en marchant sur une glace très mince ». (VIII, 3.)

Pensez davantage, écoutez davantage, observez davantage, soyez prudents dans vos paroles et vos actes – et vous aurez moins de regrets.

Il n'existe au monde aucun remède contre les regrets. Dès qu'on sait que l'on a commis une faute, c'est trop tard, il n'y a pas moyen de la rattraper. Si on évite les reproches et les plaintes après avoir agi, et qu'on se garde de la plupart des actions susceptibles d'être regrettées, on aura toutes les chances de réussir dans ses entreprises.

Voici une histoire que j'ai lue sur Internet.

Il était une fois un petit garçon terriblement entêté, qui se mettait constamment dans des rages folles, brisant tout autour de lui. Un jour, son père le prit par la main et le conduisit jusqu'à la clôture située au fond de leur jardin. « À partir d'aujourd'hui, chaque fois que tu piqueras une colère à la maison, enfonce un clou dans la clôture. Comme ça, au bout d'un certain temps, tu verras combien de fois tu te seras emporté. D'accord ? » Pourquoi pas ? se dit l'enfant. Je vais essayer. Et désormais, à chaque colère, il allait planter un clou dans la clôture. Jusqu'au jour où il fut horrifié de voir tant de clous dans la palissade.

Son père lui dit : « Tu vois ? Il faut que tu apprennes à te dominer. Si tu arrives à ne pas sortir de tes gonds pendant toute une journée, tu pourras retirer l'un des clous de la clôture. » Si je me mets en colère une seule fois, il faut que je plante un clou, mais, pour en arracher un seul, je dois me maîtriser toute une journée ! C'est vraiment trop difficile ! se dit le petit garçon.

Au début, il eut énormément de mal, mais il persévéra, et le jour où il ôta le dernier clou de la palissade, il comprit soudain qu'il avait appris à se maîtriser. Tout joyeux, il alla trouver son père : « Papa, viens voir. Il n'y a plus de clous dans la clôture, et je ne me mets plus en colère ! »

Le père accompagna son fils au fond du jardin et lui dit d'un ton plein de gravité : « Écoute, mon garçon, tous les clous ont été arrachés de la clôture, mais les trous y resteront à jamais. Chaque fois que tu te mets en colère contre tes parents, cela leur perce un trou dans le cœur. Quand le clou est enlevé, tu peux demander pardon, mais tu ne pourras jamais faire disparaître le trou. »

Cette histoire est la parfaite illustration de ce qu'entendait Confucius par « tes paroles t'attirent peu de blâme et tes actions peu de repentir ».

*Nous devons réfléchir soigneusement avant de parler ou avant d'agir. C'est la chose la plus importante à se rappeler dans toutes nos relations avec les autres.*
*Pour affronter avec succès toutes les différentes formes de relations interpersonnelles dans notre société moderne complexe, il est plus important que jamais de comprendre la courtoisie.*
*Comment Confucius comprenait-il la courtoisie ?*

Avant d'agir, nous devrions nous arrêter un instant pour envisager les conséquences, car une fois que le clou a été enfoncé, même s'il est retiré ensuite, la clôture ne peut plus redevenir comme avant. Quand nous faisons quelque chose, il nous faut prévoir et redoubler de précautions. Ainsi pourrons-nous éviter de blesser les autres et aurons-nous moins de regrets dans l'avenir.

Confucius attachait beaucoup d'importance à la courtoisie et aux bonnes manières dans la vie quotidienne. Mais comme une sorte d'autodiscipline, jamais pour se donner en spectacle. « Lorsque le maître voyait un homme en deuil, ou en costume de cérémonie, ou un aveugle, fût-il moins âgé que lui, aussitôt il se levait ou pressait le pas [par commisération ou par respect]. » (IX, 9 ou 10.)

C'est ça, la courtoisie.

Confucius agissait également ainsi dans d'autres circonstances, rapportent les *Entretiens* : « Quand il avait pris part à une réunion où les habitants de son village avaient bu ensemble, il quittait la salle après les vieillards s'appuyant sur une canne. » (X, 7, 10 ou 13.) « Quand les habitants de son village faisaient des supplications pour écarter les maladies pestilentielles, il se tenait en habits de Cour au pied des degrés, sur le côté oriental de la salle [la place du maître de maison]. » (X, 8, 10 ou 14.)

Ce sont là de minuscules cérémonies. On peut même se demander pourquoi les auteurs de l'Antiquité ont pris la peine de rapporter qu'un grand sage se livrait à de telles broutilles. Tout le monde ne respectait-il pas ce genre de choses ?

En fait, les fameuses paroles et actions des sages étaient simples, si simples que les gens d'aujourd'hui peuvent parfois s'interroger. C'est ce qui pourrait arriver dans votre quartier ou chez vous.

Mais que ces épisodes anodins sont réconfortants ! Ils nous donnent le sentiment que les grands sages ne sont pas si éloignés de nous. Là encore, Confucius nous fait partager les vérités qu'il a découvertes et les événements qu'il a vécus.

Nous voyons donc que des actions d'apparence insignifiante sont en fait très importantes quand elles viennent du cœur et de l'âme.

Zilu demanda ce qu'est un homme honorable. Le maître répondit : « Un homme qui se perfectionne en veillant attentivement sur lui-même. — Cela suffit-il ? reprit Zilu. Il ne peut pas être aussi simple de devenir un *junzi.* »

Confucius précisa donc : « Il se perfectionne lui-même en vue d'apporter la paix à autrui. » Il faut d'abord devenir meilleur avant de penser à rendre les autres plus heureux.

« Est-ce tout ? » insista Zilu, manifestement pas convaincu.

Confucius répondit : « Il se perfectionne lui-même en vue d'apporter la paix au peuple. Se perfectionner soi-même en vue d'apporter la paix au peuple : même Yao et Shun ont trouvé la tâche difficile. » (XIV, 42 ou 45.) Si des *junzi* et des sages comme les empereurs mythiques Yao et Shun ont dû s'appliquer, nul doute, si vous y parvenez, que vous soyez capable d'être un honnête homme vous-même !

Les *Entretiens* de Confucius contiennent nombre de ces petites histoires simples qui auraient pu arriver à chacun d'entre nous (nous y trouvons très rarement de longs développements d'éthique savante). Leur lecture ne nous laisse pas le sentiment que les vérités que nous présente Confucius vont au-delà de notre portée. Au contraire, elles nous paraissent très chaleureuses et accessibles.

Ce par quoi Confucius nous recommande de commencer, ce n'est pas de vouloir apporter la stabilité au monde, mais d'être la meilleure version possible de nous-mêmes. « Se perfectionner soi-même » est la première étape en vue de devenir responsable du pays et de la société. Confucius et ses disciples s'efforçaient énergiquement d'être la « meilleure version » d'eux-mêmes, mais cela dans le but de mieux assumer leurs responsabilités envers la société dans laquelle ils vivaient.

« Anciennement, disait Confucius, on s'appliquait à l'étude pour soi-même ; à présent, on s'y livre pour impressionner les autres. » (XIV, 24 ou 25.)

Quand on respecte sincèrement l'étude, on s'instruit afin d'améliorer son esprit. En apprenant des livres et de la société, depuis l'enfance jusqu'à la vieillesse, on finit par apprendre à s'attacher au bonheur.

Commencez par vous transformer en citoyen loyal, éduqué et bien informé, puis tâchez de trouver votre place dans la société et votre rôle dans la vie. L'étude a pour fin de vous aider à réaliser ces objectifs.

Que signifie, à l'inverse, « étudier pour impressionner les autres » ?

C'est acquérir un savoir comme simple outil : une qualification qui vous aidera à trouver un emploi ou quelque autre avantage purement personnel.

Confucius n'a jamais dit qu'il fallait être semblable à tout le monde pour devenir un *junzi*. À ses yeux, être un honnête homme, c'est devenir la meilleure version possible de soi-même, à partir de ce que l'on est ici et maintenant, en commençant aujourd'hui même, afin d'acquérir un esprit parfaitement équilibré. C'est seulement quand on dispose d'un esprit et d'un cœur véritablement apaisés, stables et réalistes que l'on peut éviter d'être ballotté par les hauts et les bas, par les gains et les pertes de la vie.

Cela me rappelle une petite histoire :

Trois tailleurs ouvrirent une boutique dans la même rue.

Pour attirer le plus grand nombre de clients, le premier suspendit devant son échoppe une grande enseigne sur laquelle était écrit : « Je suis le meilleur tailleur de la province. »

En voyant cela, le deuxième décida d'enchérir et accrocha une plus grande enseigne avec ces mots : « Je suis le meilleur tailleur de tout le pays. »

Faut-il que je prétende être le meilleur tailleur du monde ? se demanda le troisième. Et, après avoir longuement réfléchi, il installa un très petit panneau qui lui valut toute la clientèle de l'endroit, au grand dam de ses deux concurrents.

Que proclamait donc sa pancarte ? « Je suis le meilleur tailleur de la rue. »

> *Faire bien son travail et se conduire avec bonté et amabilité est la première exigence du* junzi.
> *Mais être simplement une personne bonne et aimable suffit-il à faire de vous un* junzi *? Pas tout à fait.*

Il avait analysé la situation qui se présentait à lui. Voilà pourquoi il obtint l'approbation des clients.

Être bon, avoir le cœur et l'esprit parfaitement équilibrés, est une condition nécessaire mais pas suffisante pour être un *junzi*. Pour Confucius, l'homme honorable n'est pas seulement bon ; il doit être aussi grand, noble et énergique, et se préoccuper des affaires de ce monde.

L'histoire de la Chine ancienne abonde en héritiers

naturels de Confucius : érudits et intellectuels célèbres qui, malgré les difficultés et une pauvreté terribles, n'oubliaient jamais les gens ordinaires.

Ainsi, alors qu'il devait se contenter d'une chaumière délabrée dont le toit fuyait, Du Fu, poète doublé d'un sage, écrivait : « Comment trouver cent mille demeures pour abriter tous les pauvres du monde et éclairer leur visage d'un sourire ? » En lisant ces paroles aujourd'hui, nous avons le sentiment que ce n'est pas là vaine vantardise de la part de Du Fu. Nous sommes au contraire émus par sa générosité d'esprit.

Autre exemple : un *junzi*, estimait le poète Fan Zhongyan, qu'il « habite l'empyrée des temples ou des palais officiels » ou « parmi les lacs et les fleuves lointains », doit néanmoins se préoccuper à la fois des dirigeants et du petit peuple du pays, afin d'« être le premier à s'inquiéter des problèmes du monde et le dernier à se réjouir des joies du monde ».

L'influence de Confucius transparaît clairement dans ces paroles.

Faut-il pour autant en déduire que l'idée confucéenne selon laquelle « la nation est ma responsabilité » implique inévitablement le sacrifice de ses intérêts personnels ?

En fait, Confucius ne prônait pas un tel sacrifice. Au contraire, sa théorie sereine, chaleureuse et pratique des relations humaines suggère que faire autant pour la société que le permettent nos capacités est la plus grande protection possible des droits et des avantages de tous.

Confucius croyait cependant qu'en veillant à ses propres intérêts on ne devait pas s'écarter du droit chemin, ni rechercher constamment les raccourcis et les menus profits.

*Le maître dit : « La voie de l'homme honorable – que je ne peux quant à moi réaliser – est triple : la plénitude humaine sans obsession ; la connaissance sans scepticisme ; le courage sans peur. » Tzu-kung dit : « Mais vous parlez de vous, maître. » (XIV, 28 ou 30.)*

Confucius estimait que la différence entre le *junzi* et l'homme de peu était que l'un suivait le droit chemin tandis que l'autre prenait des raccourcis : « L'homme honorable comprend ce qui est moral. L'homme de peu comprend ce qui est profitable. » Le mot chinois *yi*, traduit ici par « moral », se prononce comme un autre caractère qui signifie « approprié » ou « convenable ». Autrement dit, la voie qu'emprunte l'honnête homme est la plus vraie et la plus appropriée du début à la fin. L'homme vil, à l'inverse, se préoccupe de son avantage personnel, et ce faisant risque fort de tomber dans le mal.

Comment distingue-t-on les différences entre un *junzi* et un homme de peu ?

Le maître dit : « L'homme honorable aspire à la perfection, et l'homme de peu à la terre ; l'homme honorable s'attache à observer les lois, et l'homme de peu à s'attirer des faveurs. » (IV, 11.) Autrement dit, le *junzi* n'a pas les mêmes préoccupations quotidiennes que l'homme vulgaire.

Pas un jour ne se passe sans que l'honnête homme pense à la morale et à son progrès spirituel, tandis qu'un esprit mesquin n'envisage que sa situation personnelle immédiate : son foyer, ou ses besoins et désirs égoïstes. Le *junzi* vit toujours selon les règles d'un code moral strict, infrangible, alors que l'homme de peu rêve de menues faveurs et de privilèges.

Ceux qui passent leurs journées à s'occuper de leurs affaires – comment s'acheter un appartement, gravir l'échelle sociale, etc. – ou qui débordent de petits projets pour améliorer le niveau de vie familial : tels sont les hommes de peu dont parle Confucius. Sans doute, tout cela n'a rien de terriblement mauvais, mais, si l'on permet à son cœur de devenir esclave de cette lutte pour les menus profits, si l'on écarte, pour ce faire, les barrières morales ou les lois, la situation risque alors de devenir très dangereuse.

L'honnête homme respecte toujours la morale et la loi. Comme chacun de nous le fait en traversant dans les clous au signal. Cela peut paraître une limitation de notre liberté, mais ces petites restrictions, quand elles garantissent notre sécurité, sont une preuve de respect mutuel et renforcent la société.

Les hommes vulgaires, avides d'avantages immédiats, qui cherchent les failles du système et les petits profits, peuvent arriver à leurs fins une fois ou deux, mais ils courent des risques et sont sûrs, tôt ou tard, d'être perdants. Reprenons l'exemple des passages cloutés : dès qu'un homme de peu voit le feu passer à l'orange, sans attendre le signal pour les piétons, il se hâte de traverser, pour être le premier, mais nous savons parfaitement ce qui lui arrivera un jour ou l'autre.

Ce genre de personnage ne voit pas les choses de la bonne manière, mais est toujours prêt à sauter sur la moindre occasion.

Dans le monde contemporain, que faire pour devenir un *junzi* ? Nous pouvons partir de l'idée de « persévérance » ou de constance. Jeunes adultes, nous sommes tous idéalistes, pleins d'espoir de réaliser quelque chose d'utile. Mais pourquoi ces ambitions sont-elles si souvent déçues ? Dans la vie moderne, nous sommes confrontés à de multiples choix complexes, et, devant cette excitation et toutes ces stimulations, il nous est difficile de prendre des décisions, si bien qu'il nous paraît impossible de déterminer le moyen d'accomplir nos ambitions. Cela montre en fait notre manque de persévérance.

En revanche, si nous persévérons vraiment et apprenons à envisager des perspectives lointaines, même si nous n'avons pas atteint l'état élevé de celui qui, dit Confucius, « n'a pas de domicile fixe mais un cœur fixe » – qui se soucie plus de sa vie intérieure que de son existence pratique –, nous sommes bien en passe de devenir un *junzi*.

Autre critère du *junzi* : « L'homme honorable est maître de lui-même et n'a de contestation avec personne ; il est sociable, mais n'est pas homme de parti. » (XV, 21 ou 22.) Ou encore : « L'homme honorable cultive l'harmonie et non le conformisme. » (XIII, 23.)

Dans n'importe quel groupe important, les convictions de chacun ne seront jamais exactement identiques. Mais un vrai *junzi* écoutera attentivement chaque point de vue et sera capable de comprendre et de respecter la logique de chacun, sans pour autant abandonner ses idées. Cette attitude maintient à la fois l'unité et l'harmonie, tout en assurant l'expression de tous. Aujourd'hui, en Chine, quand nous disons que nous voulons construire une société harmonieuse, cela signifie prendre les voix différentes de tous pour les fondre en une grande mélodie collective.

Au contraire, « l'homme de peu cultive le conformisme et non l'harmonie ». (XIII, 23.)

Nous avons tous assisté, au travail ou à l'école, à cette scène lors d'une discussion : à peine le chef ou le maître a-t-il donné son avis que quelqu'un s'écrie : « Mais oui, c'est exactement ça ! » Et d'insister, lourdement flagorneur : « Quelle brillante idée ! » Mais, dès que la réunion est terminée, cette même personne se tourne vers un collègue pour lui glisser : « Mais qu'est-ce que c'est, cette histoire ? Je ne suis pas du tout d'accord avec ce type ! »

Confucius oppose également un autre aspect des comportements très différents du *junzi* et de l'homme vil : « L'homme honorable aime tous les hommes et n'a de partialité pour personne. L'homme de peu est partial et n'aime pas tous les hommes. » (II, 14.)

L'honnête homme « aime tous les hommes et n'a de partialité pour personne » : il recherche ce qu'il y a de plus moral et de plus juste chez chacun, si bien qu'il a beaucoup d'amis qui chérissent les mêmes idées et suivent une voie identique. Si nombreux que soient ses amis, le *junzi*, pareil à l'oxygène dans l'air que nous respirons, est attentionné envers chacun et met tout le monde à l'aise. Le caractère chinois 比 pour « partialité » évoque deux personnes serrées l'une contre l'autre : les hommes vulgaires préfèrent se rassembler en petites cliques et n'aiment pas se fondre dans l'ensemble social.

Par exemple, dans une réception un *junzi* se sentira parfaitement détendu avec tout le monde, vieux amis ou inconnus, tandis qu'un homme de peu se tapira dans un coin avec son meilleur ami pour chuchoter comme deux voleurs.

Pourquoi existe-t-il de telles différences entre les gens ? Là encore, cela tient au fait que l'honnête homme et l'homme vil ne vivent pas dans le même état moral. « L'homme honorable est calme et serein, dit Confucius. L'homme de peu est toujours accablé de soucis. » (VII, 36 ou 37.) Si l'on voit souvent les gens vulgaires comploter ensemble, c'est qu'ils n'ont pas la conscience tranquille. Ils manigancent des projets égoïstes et cherchent à protéger leurs possessions. Quand nous parlons de copinage ou de cliques, c'est exactement ce que nous voulons dire. Le *junzi*, à l'inverse, a l'esprit satisfait et apaisé, il est dans un état de sérénité désintéressée et aborde les autres avec amitié.

En Chine, nous avons toujours considéré l'harmonie comme un idéal, mais qu'est-ce que l'harmonie véritable ? Confucius ne cesse de nous répéter que c'est la tolérance envers autrui, une sorte de concert des voix et des points de vue différents. Ainsi se conduit le *junzi* en société.

Dans la mesure même où il y a tant de différences entre l'honnête homme et l'homme de peu, nos relations avec eux vont être extrêmement dissemblables.

Confucius dit : « Il est aisé de servir l'homme honorable, mais difficile de lui plaire. Si l'on cherche à gagner ses bonnes grâces par une voie peu louable, on n'y réussira pas. Pour ce qui est du service qu'il demande, il considère les aptitudes. Il est difficile de servir l'homme de peu, et facile de lui plaire. Si l'on cherche à lui plaire même par des voies peu louables, on lui plaira. Mais, de ceux qui sont à son service, il exige la perfection. » (XIII, 25.)

Confucius explique ces différences d'une manière très simple à comprendre, parce qu'il met toujours le *junzi* et l'homme de peu en parallèle pour les comparer.

Il est très facile de s'entendre avec un honnête homme, mais très difficile de conquérir ses bonnes grâces. Si l'on essaie de lui plaire par des manœuvres flagorneuses, on lui déplaira. Il ne vous accordera jamais de passe-droits en échange de menues complaisances, mais, lorsqu'il vous confiera une tâche, ce sera en fonction de vos compétences.

Ce qui caractérise la personne vulgaire, c'est qu'on la séduit aisément mais qu'il est très difficile de travailler avec elle. Même si, pour lui faire la cour, on recourt à des moyens d'une moralité douteuse ou même franchement malhonnêtes, elle nous en saura gré. Mais n'allez pas croire que, parce que vous lui aurez rendu de menus services, ou même de grandes faveurs, elle vous procurera un emploi le moment venu. Vos aptitudes n'y suffiront pas ; elle exigera de vous l'impossible, et toutes vos manigances auront été vaines. Travailler avec ce genre de personnage est une terrible épreuve.

Le prince de She ayant interrogé Zilu au sujet de Confucius, Zilu ne répondit pas. Le maître dit : « Pourquoi n'as-tu pas répondu : "C'est un homme qui s'applique avec une telle ardeur qu'il oublie de manger, éprouve une telle joie qu'il oublie tous ses soucis ; et ne sent pas venir la vieillesse" ? » (VII, 19.)

Cet autoportrait de Confucius est l'idéal que tous les intellectuels chinois se sont efforcés d'atteindre.

En fin de compte, l'objectif de la philosophie confucéenne était de former une élite de mandarins, de fonctionnaires lettrés, dont la mission première serait de servir leur pays et leur culture.

Dans son poème, « Mémorial de la tour Yueyang », Fan Zhongyan décrit ainsi l'essence de ce rôle : « Sois le premier à te soucier des problèmes du monde, et le dernier à te réjouir des joies du monde. » Ne vous préoccupez pas des gains et des pertes personnels pour mieux vous vouer aux intérêts de la communauté.

Là encore, on voit que cette profonde conviction et ce sens des responsabilités envers la société reposent sur des choses très simples et commencent ici et maintenant. Cultivons notre être pour devenir la meilleure version possible de ce que nous sommes.

Aussi lorsque, comme trop souvent, nous entendons des gens se plaindre que la société est injuste, qu'il est difficile de s'en sortir dans le monde d'aujourd'hui, plutôt que de maudire notre sort ou de blâmer les autres, nous ferions mieux de nous examiner nous-mêmes. Si nous parvenons pleinement à apprécier nos limites, à parler et à agir avec circonspection, à pénétrer notre quotidien de l'esprit confucéen de courtoisie et d'honneur, à développer notre corps et notre intellect, beaucoup moins de choses nous gêneront, et nous finirons par comprendre comment être une bonne personne et comment affronter au mieux le monde.

Je ne crois pas qu'une telle ambition morale soit désuète. C'est une façon de vivre que chacun de nous peut mettre en pratique au XXI$^{e}$ siècle, et ce, dès aujourd'hui. Ainsi le bonheur dont jouissaient Confucius et ses disciples peut-il devenir pour nous une source de félicité. C'est probablement la plus grande leçon que Confucius peut donner, et son plus précieux cadeau.

Si nous avons une attitude positive et optimiste,

et une juste compréhension des limites des relations humaines, nous pourrons devenir le genre de personne qui, tel un soleil, diffuse le bonheur et le réconfort sur sa famille, sur ses amis et, en fin de compte, sur la société tout entière. Mais, en tant que *junzi*, nous devons commencer par nos amis.

陳傳席

*Quatrième Partie*

# LA VOIE DE L'AMITIÉ

*De toutes vos relations, ce sont vos amis qui révèlent le plus directement quel genre de personne vous êtes. Si vous voulez connaître quelqu'un, il vous suffit de regarder son cercle d'amis, et vous découvrirez quelles sont ses valeurs et ses priorités – qui se ressemble s'assemble, dit-on à juste titre.*

*Or il y a les bons et les mauvais amis. Si les premiers peuvent vous être d'une grande aide, les seconds vous vaudront toutes sortes d'ennuis et risquent même de vous entraîner sur le mauvais chemin. Être capable de choisir judicieusement ses amis est très important.*

*Mais quels sont les bons amis ? Et quels sont les mauvais ? Comment se faire de bons amis ?*

*Confucius attachait beaucoup d'importance* à l'influence des amis sur le développement personnel. Il apprenait à ses disciples à choisir de bons amis et à éviter les mauvais.

En ce monde, disait-il, il y a trois types d'amis qui peuvent nous être utiles.

Le premier est l'ami droit, c'est-à-dire franc, honnête et juste.

Un tel ami est sincère et généreux ; il est d'une franchise transparente, sans la moindre trace de flatterie. Son caractère aura une bonne influence sur le vôtre. Il vous donnera du courage quand vous serez timoré, de la décision et de la résolution quand vous serez hésitant.

Le deuxième est l'ami fidèle et digne de foi.

Honnête et sincère dans ses relations avec les autres, ce genre d'ami n'est jamais faux. Il purifie et élève votre esprit. Sa fréquentation vous rendra paisible, serein et assuré.

Le troisième est l'ami cultivé. Ce genre d'ami possède un grand savoir sur beaucoup de choses et connaît bien le monde.

L'époque où vivait Confucius, le V^e siècle avant notre ère, était très différente de la nôtre : pas d'ordinateurs, d'Internet, de médias et d'innombrables sources d'informations sophistiquées. Que faisaient alors les gens pour élargir leurs perspectives ? Le plus simple était de se lier avec une personne cultivée, pour s'imprégner des livres qu'elle avait lus et s'approprier son expérience.

Quand vous n'arrivez pas à vous décider face à un problème, vous avez tout intérêt à aller trouver un ami savant. La diversité de son savoir et de son expérience vous aidera à trancher.

Avoir des amis cultivés est comme disposer d'une vaste encyclopédie : on peut tirer nombre de leçons utiles de leurs connaissances.

*Les trois sortes d'amis utiles sont les amis droits, les amis fidèles et les amis cultivés.*
*Confucius distinguait aussi trois catégories de mauvais amis, qu'il qualifiait de « nuisibles ». Quels sont donc ces mauvais amis ?*

« L'amitié avec un homme habitué à tromper par une fausse apparence d'honnêteté, l'amitié avec un flatteur hypocrite, l'amitié avec un beau parleur ; ces trois sortes d'amitiés sont nuisibles. » (XVI, 4.)

Nous rencontrons souvent dans la vie ces hommes faux, adulateurs éhontés qui, quoi que nous disions, s'extasient. Jamais ce genre de personnage ne vous contredira. Il a, au contraire, le talent de s'adapter à vos paroles et à vos attitudes, de ne jamais rien faire qui risque de vous déplaire.

Ces gens-là sont le contraire absolu du bon ami

droit. Ils ne sont ni francs ni honnêtes, n'ont pas le sens du bien et du mal. Leur seul but est de vous faire plaisir, mais seulement pour obtenir quelque chose de vous.

La plupart des Chinois ont entendu parler du ministre corrompu He Shen grâce à la série télévisée *Dents de fer, dents de cuivre*. Ce personnage flatte outrageusement l'empereur Quianlong de toutes les manières possibles. Ce flagorneur de la pire espèce, qui ne recule devant rien pour arriver à ses fins, est l'exemple type de ce genre de mauvais ami.

Avec un tel ami, vous vous sentirez exceptionnellement à l'aise et heureux, comme l'empereur Qianlong dans la série télévisée : il savait parfaitement que He Shen recevait des pots-de-vin et enfreignait la loi, mais ne pouvait quand même pas se passer de lui. Comme le dit Confucius, se lier avec ce genre de personne est extrêmement dangereux.

Pourquoi ?

Toutes ces paroles agréables, toutes ces flatteries finissent par monter à la tête ; votre ego s'enfle démesurément, et vous allez devenir si suffisant que vous ne vous intéresserez plus à personne en dehors de vous-même. Vous serez si totalement incapable de vous connaître le moins du monde que vous courrez au désastre.

Ce genre d'ami est un poison pour l'âme qui agit lentement.

Le deuxième ami nuisible est celui que Confucius appelle le « flatteur hypocrite », l'homme au double visage.

Tout sourires et tout compliments en votre présence, derrière votre dos il se répand en rumeurs et en calomnies.

Nous entendons souvent des gens se plaindre : « Il semblait si gentil et si charmant, ses paroles étaient si douces, il se montrait si attentionné que je le considérais comme mon meilleur ami. Je faisais tout pour l'aider, je lui épanchais mon cœur, lui confiais mes secrets les plus intimes. Et pourtant il m'a trahi, a abusé de ma confiance avec le plus grand égoïsme. Il a répandu des rumeurs sur moi, colporté mes secrets, détruit ma réputation. Et, quand je lui ai demandé des explications, il a eu le culot de nier toute responsabilité, en jouant l'innocence outragée. »

Ce genre de personne est fausse et hypocrite, l'exact contraire de l'ami fidèle et digne de foi.

Ce sont les « hommes de peu » par excellence, au cœur vil et ténébreux.

Ils arborent souvent, néanmoins, un masque de bonté. Comme ils ont des arrière-pensées, ils se montreront très amicaux avec vous, bien plus que quelqu'un qui n'a pas d'idée derrière la tête. Alors, si vous ne vous méfiez pas et que vous vous laissiez manipuler par cette personne, vous allez découvrir que vous vous êtes mis vous-même la corde au cou : cet ami ne vous lâchera pas avant de vous avoir fait payer le prix fort. De telles camaraderies mettent à l'épreuve notre jugement, notre compréhension des autres et de la société.

Quant au beau parleur, le troisième mauvais ami selon Confucius, il n'est rien qu'il ne sache ni ne comprenne. Il vous soûle de mots, jusqu'à ce que vous ne puissiez vous empêcher de le croire. Mais en réalité, hormis sa faconde, il n'a rien du tout à offrir.

La grande différence entre ce genre de personnage et l'homme cultivé, c'est que le premier n'a ni talents ni connaissances véritables. Ses discours sont creux, vides.

Confucius s'est toujours méfié des beaux parleurs et de leurs paroles mielleuses. Le *junzi* doit agir plus qu'il ne parle : ce n'est pas ce qu'une personne dit qui compte, mais ce qu'elle fait.

Sans doute y a-t-il dans la société moderne un changement d'attitudes et de valeurs : si les gens dotés d'un talent et de connaissances véritables ne savent pas s'exprimer, leur carrière et leur vie en pâtiront.

Mais il est beaucoup plus fâcheux d'avoir affaire à quelqu'un qui ne sait que parler et n'a aucune compétence réelle.

*Les trois amis nuisibles dont parlent les* Entretiens *sont les flatteurs, les hypocrites et les beaux parleurs. Ne vous liez jamais avec ce genre de personne, ou cela vous coûtera très cher.*
*Mais le fait qu'une personne est bonne ou mauvaise n'est pas inscrit sur son visage. Comment nous faire de bons amis et éviter les mauvais ?*

Si nous voulons nous faire de bons amis et fuir les relations nuisibles, nous devons à la fois le désirer et en être capables. Nous avons déjà vu l'importance de l'« humanité » et de la « sagesse » : ce sont les clés pour se faire des amis de valeur. Le désir d'y parvenir vient de l'humanité, et la capacité de la sagesse. Rappelez-vous, quand Fan Chi a demandé à son maître ce qu'il entendait par humanité, celui-ci a répondu simplement : « aimer les hommes ».

Et à la question « en quoi consiste la sagesse ? », Confucius a répondu tout aussi laconiquement : « connaître les hommes ». La sagesse, c'est comprendre les autres.

Il est clair que, si nous voulons nous faire de bons amis, il nous faut d'abord être bienveillants et avoir le désir de nous lier avec les autres ; ensuite, nous devons être capables de discernement. À ces conditions, essentielles et indispensables, vous n'aurez aucun mal à vous faire les amis de la meilleure qualité possible.

En un sens, se faire un bon ami est le début d'un nouveau chapitre magnifique de sa vie. Nos amis sont comme un miroir : en les regardant, nous pouvons distinguer nos propres lacunes.

*Confucius dit : « Trois sortes d'amitiés sont avantageuses et trois sortes d'amitiés sont nuisibles. L'amitié avec un homme qui parle sans détour, l'amitié avec un homme sincère, l'amitié avec un homme de grand savoir, ces trois sortes d'amitiés sont utiles. L'amitié avec un homme habitué à tromper par une fausse apparence d'honnêteté, l'amitié avec un flatteur hypocrite, l'amitié avec un beau parleur, ces trois sortes d'amitiés sont nuisibles. » (XVI, 4.)*

Il y a pourtant des gens assez inconséquents pour passer presque tout leur temps avec leurs amis sans être apparemment capables d'établir ces comparaisons.

Voici un parfait exemple de ce genre d'écervelé : Yanzi, le célèbre Premier ministre du royaume de Qi, était petit et trapu ; il avait un visage rond, banal, aux traits assez grossiers. Son cocher, au contraire, était un très bel homme, grand et sémillant.

Ce cocher avait le ridicule d'être très fier de conduire le char du Premier ministre du royaume de Qi : quoi de plus flatteur, se disait-il, que de trôner tous les jours sur le devant de la voiture, en faisant claquer son fouet aux oreilles des superbes coursiers, tandis que Yanzi devait se tenir derrière, invisible, dans la partie couverte ?

Un jour, en rentrant chez lui, ce cocher trouva sa femme en pleurs, qui faisait ses bagages. « Qu'est-ce qui t'arrive ? lui demanda-t-il, très surpris. — Je n'en peux plus, répondit-elle. Je te quitte. J'ai honte de vivre avec toi. »

Abasourdi, il lui dit : « Mais ne me trouves-tu pas superbe ? — Qu'est-ce que cela signifie pour toi ? répliqua-t-elle. Regarde Yanzi. C'est un homme de grand talent, qui dirige le pays tout entier, et pourtant il a l'air si modeste, assis à l'arrière du char. Tandis que toi, qui ne fais que conduire son attelage, tu te pavanes avec une expression de hauteur et de puissance sur le visage, à croire qu'il n'y a pas de limite à ta superbe ! Tu passes toute la journée avec un homme comme Yanzi, mais tu n'as même pas l'intelligence de montrer que tu as appris de lui la moindre chose – voilà pourquoi je désespère de toi. Vivre avec toi est la honte de ma vie. »

La querelle finit par revenir aux oreilles de Yanzi, qui déclara à son cocher : « Puisque tu as une si bonne épouse, tu mérites que je te donne une meilleure situation. » Ce qu'il fit.

Cette histoire nous enseigne que les gens qui nous entourent, leur façon de vivre et de se comporter face au monde, peuvent nous servir de miroir. Encore faut-il s'en rendre compte.

Les amitiés avantageuses que recommande Confucius sont celles qui nous sont utiles. Mais nous ne voulons pas dire par là que ces amis pourront nous aider à réussir dans la vie. Confucius conseillait non pas de se lier avec des gens riches ou puissants, mais avec des personnes susceptibles d'améliorer notre niveau moral, d'accroître nos progrès spirituels et d'enrichir notre moi.

Dans la Chine ancienne, il y avait une école de poésie pastorale. Ses adeptes cherchaient à se retirer du monde, à vivre dans une thébaïde et à communier avec la nature ; et leur œuvre vante les joies bucoliques et une vie rurale pleine de simplicité.

Où pouvons-nous réaliser cette communion avec la nature ? Inutile de s'enfoncer dans les montagnes et les forêts sauvages. « Il est plus facile, dit-on, de trouver la solitude sur la place du marché que dans le désert. » Seul l'anachorète débutant, qui ne sait pas encore cultiver son moi, songe à se cacher dans les bois et à s'y construire ostensiblement une retraite ; le véritable ermite n'a pas besoin de fuir la société, il peut vivre au cœur d'une ville grouillante, en ayant exactement les mêmes activités que tout le monde. Ce qui le distingue des autres, c'est un certain calme intérieur et sa constance.

Tous les Chinois connaissent Tao Yuanming, l'un des premiers à vivre en reclus. Celui-ci, comme nous l'avons vu dans la première partie, refusait de transiger avec ses idéaux et devint le fondateur de l'école de poésie pastorale. Malgré sa pauvreté, il menait une vie très heureuse. *Les Récits du Sud* racontent que Tao Yuanming ne connaissait pas la musique mais possédait une « cithare ». C'était un grand morceau de bois dépourvu de cordes. Chaque fois qu'il invitait des amis chez lui, il frappait son bout de bois, en disant qu'il jouait de la cithare. Il y mettait tout son cœur et jouait parfois des heures durant, jusqu'à ce qu'il fonde en larmes. Et chaque fois que cela arrivait, ses amis mélomanes étaient eux aussi bouleversés. Tandis que Tao Yuanming jouait la musique de son âme sur sa cithare sans cordes, ses amis buvaient du vin en devisant agréablement. À la fin de la soirée, Tao Yuanming disait : « Je suis ivre et je veux dormir, vous pouvez partir. » Ses amis s'en allaient sans faire d'histoires et acceptaient avec plaisir son invitation suivante. C'étaient de vrais amis, sachant partager sans paroles une compréhension toute spirituelle. Et une vie de ce genre est véritablement heureuse.

*Faites-vous des amis parmi les gens heureux qui prennent plaisir à leur vie telle qu'elle est.*

L'écrivain taïwanais Lin Qingxuan raconte qu'un ami lui demanda une calligraphie qu'il suspendrait dans son bureau. « Écris-moi quelque chose d'extrêmement simple, mais qui me fera réfléchir chaque fois que je le regarderai. » Lin Qingxuan médita longuement, puis calligraphia simplement quatre caractères : « Pense souvent à un et à deux. » Déconcerté, l'ami lui demanda ce que cela voulait dire. Lin Qingxuan répondit : « Nous connaissons tous le dicton : "En ce monde, sur dix choses, il y en a huit ou neuf qui n'iront pas comme je le souhaite ; et il n'y a qu'une poignée de gens avec qui je peux vraiment m'entendre." Si nous acceptons ce constat, il y aura au moins une ou deux choses sur dix qui vont effectivement tourner selon nos désirs. Je ne peux pas t'être d'une grande aide, tout ce que je peux faire, c'est te dire de penser à ces "une ou deux" choses, de privilégier le bonheur, de tenir à distance la tristesse de ton cœur. En tant qu'ami, c'est le mieux que je puisse faire pour toi. »

Il était une fois un roi qui menait une vie de luxe et de splendeur, pleine de vin, de femmes, de musique et d'aventures ; toutes les choses les plus belles et les plus précieuses au monde étaient à sa disposition, et pourtant il était insatisfait. Comme il ne savait pas non plus ce qui pourrait le rendre heureux, il envoya chercher son médecin personnel.

Celui-ci l'examina longuement, puis prescrivit le traitement suivant : « Demandez à vos gens de fouiller le royaume à la recherche de votre sujet le plus heureux. Portez sa chemise et vous connaîtrez le bonheur. »

Le roi dépêcha dans tous les recoins du pays des émissaires, qui finirent par découvrir un homme véritablement et même incurablement heureux. Mais ils firent savoir au roi qu'ils avaient été incapables de lui rapporter la chemise de cet homme.

« Comment est-ce possible ? s'étonna le roi. Il faut absolument que vous me rapportiez cette chemise !

— C'est un pauvre, expliquèrent les envoyés. Il va toujours torse nu. Il n'a même pas une chemise à lui. »

Ce conte occidental nous rappelle que dans la vie le vrai bonheur est celui de l'âme, qui n'a pas nécessairement grand-chose à voir avec les conditions de vie matérielles. Confucius vivait à une époque de très grande pauvreté, et à son époque le vrai bonheur venait d'une vie intérieure riche, d'un comportement juste, d'ambitions et de désirs légitimes, mais aussi de bons amis qui apprenaient les uns des autres.

*Une fois que l'on a compris ce que sont les bons amis, il faut aussi savoir comment bien s'entendre avec eux. Avoir un bon ami implique-t-il d'être suspendu à ses basques ? En Chine, nous disons souvent de deux personnes très proches qu'elles partagent le même pantalon. Mais une telle intimité convient-elle à des amis ?*

En ce monde, tout ce qui n'a pas de proportions justes ou de bornes convenables finit par aller trop loin, et, dit Confucius, « dépasser les limites n'est pas un moindre défaut que de rester en deçà ». (XI, 15 ou 16.) De même, lorsque nous avons affaire à nos amis, nous devons faire très attention aux limites à respecter. Par exemple, quand vous vous liez avec un *junzi*, il vous faut savoir quand parler, quand se taire, et jusqu'où vous pouvez raisonnablement aller.

Confucius dit : « Quand vous êtes en présence d'un homme honorable, vous avez trois défauts à éviter : la précipitation, si vous lui adressez la parole avant qu'il vous interroge ; la dissimulation, si, interrogé par lui, vous ne lui répondez pas ; l'aveuglement, si vous lui parlez avant d'avoir vu, à l'expression de son visage, qu'il vous prête une oreille attentive. » (XVI, 6.)

S'empresser d'exposer son point de vue avant que la conversation ait eu le temps de vraiment s'engager est inconsidéré et indélicat. Nous avons tous nos centres d'intérêt particuliers, mais vous devriez attendre le moment approprié, quand votre sujet préféré vient sur le tapis et que tout le monde est impatient d'en entendre parler ; alors seulement, et sans hâte excessive, faites part de votre opinion.

Aujourd'hui, beaucoup de gens ont leur blog personnel ou se servent de sites Internet pour s'empresser de proclamer à la terre entière leurs sentiments les plus intimes. Dans le passé, ce genre de tribune n'existait pas, et tout le monde dépendait des échanges verbaux pour communiquer et se comprendre. Quand nous nous retrouvons entre amis, il y en a toujours quelques-uns pour discourir sans fin sur leurs derniers exploits : l'autre jour, je suis allé jouer au golf... Figurez-vous que je viens d'avoir une promotion...

Et ainsi de suite. Ou, dans une réunion entre femmes, l'une d'elles, pour se mettre en avant, va se répandre en bavardages interminables sur son mari et ses enfants. Tout le monde n'a peut-être pas autant envie qu'elle d'entendre ces histoires… En monopolisant ainsi la parole, elle prive ses amies de leur droit de choisir un autre sujet. Sauter à pieds joints dans la conversation pour imposer sa marotte avant le moment propice est à proscrire.

Mais il y a un autre extrême : ne pas parler quand on est interrogé. Confucius qualifie ce défaut de « dissimulation ».

Par exemple, la conversation a atteint naturellement le stade où ce devrait être à vous de la prendre en main, mais vous vous faites prier et refusez de partager vos lumières. Ce genre d'ami donne à chacun le sentiment d'être exclu. Puisqu'on parle de votre sujet de prédilection, pourquoi ne dites-vous rien ? Est-ce pour vous protéger ? Marquez-vous délibérément vos distances ? Ou essayez-vous d'aiguiser la curiosité ? En bref, se taire quand on doit parler est également répréhensible.

La troisième situation blâmable qu'évoque Confucius est le fait de parler sans observer les réactions de son interlocuteur.

Cet « aveuglement » est un grave reproche. Quelqu'un qui intervient dans une conversation sans se soucier de l'effet produit est un infirme social. Veillez à comprendre votre vis-à-vis, tâchez de sentir ce qui peut être dit et ce qu'il vaut mieux taire. Tel est le tact, le respect, qui doit toujours prévaloir entre amis.

Et pas seulement entre amis. Même entre mari et femme, père et fils, il y a des sujets douloureux à éviter. La vie de chaque adulte recèle des succès et des échecs intimes. Un véritable ami ne doit pas évoquer à la légère les souffrances cachées d'autrui, et pour cela il faut être capable de discernement. Bien entendu, il ne s'agit pas d'encourager servilement les mauvais instincts des gens, mais de créer une atmosphère de confiance pour que vos amis et vous puissiez communiquer librement.

Un exemple célèbre : le film *Autant en emporte le vent*, qui remporta dix oscars, valut à l'actrice Vivien Leigh une célébrité aussi soudaine que considérable. Au sommet de la carrière du film, elle fit une tournée triomphale en Europe. Partout où elle se rendait, les journalistes se pressaient par centaines pour l'accueillir au pied de son avion privé.

À l'une de ces escales, un reporter, qui manquait totalement de cette capacité de discernement, se fraya un passage dans la foule jusqu'à la passerelle pour poser cette question à la star qui venait de débarquer : « Dites-moi, mademoiselle, quel rôle jouiez-vous dans le film ? » Abasourdie, Vivien Leigh tourna les talons, remonta dans l'avion et refusa d'en ressortir.

Poser une question pareille dans une situation où vous ignorez tout, n'est-ce pas être aveugle ?

Par ailleurs, lorsque vous donnez un conseil ou un avertissement à un ami, même avec les meilleures intentions, vous devez savoir déterminer jusqu'où vous pouvez aller.

À Zigong, qui l'interrogeait sur l'amitié, Confucius répondit : « Avertis tes amis avec franchise et conseille-les avec douceur. S'ils n'approuvent pas tes avis, arrête, plutôt que de risquer un affront. » (XII, 22 ou 23.)

On ne peut tout simplement pas demander aux gens d'agir à notre guise. Aujourd'hui, même les parents n'attendent pas cela de leurs propres enfants. Chaque personne mérite le respect, et les amis en particulier doivent observer un respect mutuel. Donnez-leur le conseil ou la mise en garde qui convient, faites votre devoir, mais pas davantage ; c'est à cela que servent les bons amis.

*Nous nous faisons des amis différents aux différentes étapes de la vie.*
*Comment nous faire les amis qui nous conviennent le mieux à chacun de ces moments ?*

Confucius disait que les soixante-dix ou quatre-vingts années de l'existence humaine paraissent durer longtemps mais peuvent se diviser en trois phases distinctes : la jeunesse, la maturité et la vieillesse. Chacune de ces périodes présente un danger particulier. Si l'on parvient à les surmonter tous les trois, on ne rencontrera aucun autre obstacle sérieux dans la vie. Et, pour éviter ces trois écueils, l'aide de nos amis est indispensable.

Confucius dit : « Dans la jeunesse, lorsque le sang et le souffle vital, le *qi*, sont toujours en mouvement, l'homme honorable se tient en garde contre les plaisirs de la chair. » (XVI, 7.) La jeunesse est très volontiers impulsive et doit se méfier de sa libido. À ce moment de la vie, un bon ami, tel un témoin extérieur, voit la situation plus objectivement et plus clairement, et saura proposer des solutions aux problèmes épineux que nous n'arrivons pas à résoudre seuls.

« Dans l'âge mûr, dit Confucius, lorsque le sang et le souffle vital sont dans toute leur vigueur, le *junzi* évite les querelles. »

Quand nous arrivons à la maturité, notre vie de famille est stabilisée, et nous sommes installés dans notre profession. Quelle est donc notre principale préoccupation à ce stade ? Le désir de conforter notre situation, d'étendre notre domaine. Mais cette ambition risque fort de provoquer des contradictions et des conflits dommageables pour tous. Aussi, à cette période de la vie, Confucius nous recommande-t-il avant tout de fuir les disputes. Il vaut mieux lutter contre soi-même que contre les autres, et chercher des moyens de s'améliorer. Si, en fin de compte, vous n'obtenez pas la promotion espérée, demandez-vous si ce n'est pas parce que vous auriez pu mieux faire d'une façon ou d'une autre.

À ce moment-là de la vie, par conséquent, il faut se lier avec des gens calmes et réalistes. Ils vous aideront à voir au-delà des victoires et des défaites immédiates, à surmonter les tentations matérielles, à trouver un réconfort spirituel et à atteindre la sérénité de l'âme.

Mais de quoi devons-nous nous méfier quand nous parvenons à la vieillesse ? « Lorsque le sang et le souffle vital ont perdu leur énergie, dit Confucius, l'homme honorable se tient en garde contre la passion d'acquérir. »

Sur le tard, l'esprit a tendance à se ralentir et à s'apaiser. Le philosophe Bertrand Russell compare la vie à un fleuve qui, jeune torrent, commence par dévaler les montagnes, puis, quand il atteint la mer, il devient lent, large et placide. À ce stade de l'existence, on doit avoir appris à gérer raisonnablement les possessions et les réalisations.

Jeunes, nous procédons tous par addition, mais, arrivés à un certain point, nous devons apprendre à vivre par soustraction.

La société vous donne amitiés, argent, relations humaines et réussites, et, devenu vieux, vous avez acquis un grand nombre de choses, tout comme une maison qui s'est peu à peu remplie d'objets accumulés. Si votre cœur est engorgé par ces acquisitions, celles-ci finissent par vous paralyser.

*Plutôt que de lutter contre les autres, il vaut mieux lutter contre soi-même et essayer de trouver des moyens de s'améliorer.*

De quoi discutent nos aînés quand ils se retrouvent ensemble ? On les entend souvent récriminer. Ils se plaignent que leurs enfants n'ont pas de temps à leur consacrer : « J'ai travaillé très dur pour les élever, j'ai tout fait pour eux, je les ai torchés, j'ai changé leurs couches ! Mais maintenant ils sont trop occupés, n'ont même pas un instant pour me rendre une petite visite ! » Ils dénoncent l'injustice de la société : « De mon temps, on faisait la révolution, et tout ce que nous en avons retiré, c'est quelques dizaines de yuans par mois. Regardez ma petite-fille, elle est entrée dans une société étrangère, et ils lui ont aussitôt donné trois ou quatre mille yuans. Vous trouvez ça juste pour des gens comme nous qui se sont crevés au travail ? »

Si vous ressassez de la sorte, les choses qui devraient vous faire plaisir vont devenir déprimantes, tel un fardeau invisible qui vous cloue au sol. Vous aurez alors besoin d'amis qui vous aident à accepter l'existence, à apprendre à vous détacher de ces désagréments et de ces frustrations.

Les *Entretiens* s'intéressent rarement à l'amitié en soi ; le message est celui-ci : choisir ses amis, c'est choisir un mode de vie. Notre sagesse et notre perfectionnement intérieurs conditionnent le genre d'amis – utiles ou nuisibles à notre développement – que nous nous faisons.

Une fois que nous nous sommes centrés sur notre cœur et notre âme, et que nous avons choisi ceux qui nous entourent, il nous reste à définir les buts que nous devons nous fixer à mesure que nous avançons dans la vie.

*Cinquième Partie*

# LA VOIE DE L'AMBITION

*Être la meilleure personne possible ; avoir une famille harmonieuse ; être utile à son pays ; apporter la paix au monde : voilà ce à quoi nous devrions tous aspirer.*

*Quand Confucius parlait de l'ambition avec ses disciples, il ne recommandait pas nécessairement la plus élevée. L'important est d'être ferme dans son but et fidèle à ses convictions profondes.*

*Que vos buts soient grands ou petits, il faut choisir, pour les réaliser, les moyens les plus proches de votre cœur. Laisser votre cœur vous guider sera toujours plus important que rechercher des réussites extérieures.*

*Comment comprenons-nous aujourd'hui l'ambition ? Y a-t-il conflit entre les conceptions de Confucius et nos objectifs modernes ?*

*Le maître dit : « On peut enlever* de force à une armée de trois légions son général en chef ; il est impossible d'arracher de force son libre arbitre au moindre particulier. » (IX, 24 ou 26.) Cette phrase très souvent citée souligne que nos buts sont d'une importance capitale, parce qu'ils déterminent le développement et la direction de notre vie tout entière.

Aussi Confucius invitait-il souvent ses élèves à parler de leurs ambitions personnelles. Dans le livre XI des *Entretiens*, l'un des rares longs passages de l'ouvrage rapporte une conversation libre et franche entre Confucius et quatre de ses disciples à propos de leurs ambitions. (XI, 24, 25 ou 26.)

« Parlez-moi franchement, sans considérer que je suis un peu plus âgé que vous, leur dit Confucius. Je vous entends souvent dire : "Les hommes ne reconnaissent pas mes mérites." Mais, s'ils les reconnaissaient, que feriez-vous ? »

Très impulsif, Zilu se hâta de répondre : « Supposons qu'une principauté, possédant mille chariots de guerre, soit tenue en servitude par deux principautés voisines très puissantes ; que, de plus, elle soit envahie par une armée nombreuse ; qu'ensuite les grains et les légumes viennent à lui manquer ; si j'étais chargé de la gouverner, en trois ans je pourrais inspirer du courage au peuple et lui faire connaître l'orientation à prendre. »

Nul doute que l'ambition de Zilu soit impressionnante, et l'on pourrait imaginer qu'un maître comme Confucius, qui attachait tant d'importance à ce que le pays soit gouverné « selon les rites et la déférence » (IV, 13), ait été satisfait de voir un de ses disciples accomplir une telle prouesse et arracher une nation à un grave danger. Zilu ne s'attendait sans doute pas à ce que Confucius soit non seulement peu impressionné, mais même un peu sarcastique. Le maître se contenta de sourire et interrogea le deuxième disciple : « Et toi, Ran Qiu, que ferais-tu ? »

Celui-ci se montra nettement plus modeste que Zilu : il n'osa pas évoquer un grand État ni d'aussi graves problèmes. « Si j'avais à gouverner un petit pays de soixante à soixante-dix *li* de côté, ou de cinquante à soixante, en trois ans je pourrais mettre le peuple dans l'aisance. Pour ce qui concerne les rites et la musique, j'attendrais la venue d'un homme honorable. » Il voulait dire que, sur le plan matériel, il se croyait en mesure d'enrichir le peuple et de lui procurer tout ce dont il avait besoin, mais que la foi en la nation, les rites et la musique dépassaient ses capacités et qu'il s'en remettait pour cela à un *junzi*.

Confucius ne fit aucun commentaire, mais resta cette fois sans sourire ; puis il demanda à son troisième élève présent : « Toi, Gongxi Chi, que ferais-tu ?

— Je ne dis pas que j'en serais capable, mais je désirerais l'apprendre. Je désirerais, portant la tunique noirâtre et le bonnet noir, remplir l'office de petit aide dans les cérémonies en l'honneur des ancêtres et dans les réunions des vassaux. » Pas question pour lui de diriger un pays, si petit soit-il, ou de gouverner son peuple.

Vous aurez remarqué que chacun de ces trois disciples de Confucius se montre plus modeste que le précédent, plus modéré, plus proche du point de départ de sa propre vie, et plus éloigné de ses buts ultimes.

Pour transposer cela en termes contemporains, ce qui importe dans le développement d'une personne n'est souvent pas tant l'importance de son ambition ultime que les bases dont celle-ci dispose à un moment donné. Nous ne manquons généralement pas de grands projets et de vastes aspirations, mais nous ne disposons pas des moyens pratiques pour la réalisation de nos désirs, étape par étape.

Confucius se tourna alors vers le dernier disciple présent et lui demanda : « Toi, Dian, que ferais-tu ? » Zeng Dian ne répondit pas tout de suite. Ce moment est rendu de façon remarquablement vivante par ces seuls trois caractères, 鼓瑟希, qui décrivent une musique qui s'estompe doucement : l'attention de Zeng Dian était entièrement concentrée sur la cithare de cinquante cordes dont il jouait. En entendant son maître l'interroger, « il cesse de jouer de la cithare dont les cordes vibrent encore. Il la dépose, se lève et répond : "Je ne partage pas les aspirations des trois autres disciples." » On s'asseyait alors sur le sol, et, quand des étudiants écoutaient un professeur ou avaient une discussion, ils s'agenouillaient et s'asseyaient sur leurs talons, mais, par respect, ils devaient se lever pour répondre à leur maître.

Cette brève description nous montre un Zeng Dian d'une grande maîtrise ; il n'était pas homme à répondre impétueusement comme Zilu : il s'exprime avec courtoisie et persuasion, après avoir mûrement réfléchi. Il commence par dire : « Je ne partage pas les aspirations des trois autres disciples. — Il n'y a pas de mal à cela, dit le maître. Chacun peut exprimer ses intentions. »

Zeng Dian poursuit alors : « À la fin du printemps, quand les vêtements de la saison sont achevés, aller avec cinq ou six jeunes gens en âge de porter le bonnet viril et avec six ou sept plus jeunes me baigner dans la rivière Yi, respirer l'air frais sur la terrasse des Danses pour la Pluie, puis revenir en chantant des vers, voilà ce que j'aimerais. » En entendant ces mots, Confucius dit en soupirant : « J'approuve le sentiment de Dian. » Autrement dit, Confucius partageait son ambition. C'est le seul jugement qu'il se permit de toute la conversation.

Quand les trois autres disciples se furent retirés, Zeng Dian s'attarda un instant pour demander à son maître : « Que faut-il penser de ce qu'ont dit ces trois élèves ? » Confucius commença par éluder la question : « Chacun d'eux a exprimé son intention, et voilà tout. »

Mais Zeng Dian insista : « Pourquoi le maître a-t-il souri après avoir entendu Zilu ? »

Confucius ne pouvait plus se dérober. « On gouverne un État selon les bienséances. Le langage de Zilu n'a pas été modeste. Voilà pourquoi j'ai souri. » Autrement dit, si l'on veut gouverner un pays avec courtoisie et selon les rites, il faut avant tout faire preuve de bonté et d'une certaine déférence. En outre, Zilu s'est précipité pour être le premier à répondre, montrant ainsi qu'il manquait de la considération nécessaire.

« Mais Ran Qiu n'a-t-il pas aussi parlé du gouvernement d'un État ? »

Confucius répondit : « Existe-t-il un territoire de soixante à soixante-dix *li*, ou de cinquante à soixante *li* qui ne soit pas un État ? »

Zeng Dian demanda alors : « Gongxi Chi n'a-t-il pas aussi parlé du gouvernement d'un État ? Pourquoi le maître n'a-t-il pas souri ? »

Confucius répondit : « Les offrandes aux ancêtres, les réunions des vassaux, qui concernent-elles, si ce n'est les princes ? Si Gongxi Chi n'est qu'un petit assistant, qui pourra être maître de cérémonies ? »

Confucius voulait dire qu'il n'avait pas souri parce qu'il croyait Zilu incapable de gouverner un État, mais à cause du contenu de son discours et de son manque de modestie. Peu importe que le pays gouverné soit petit ou grand, qu'il s'agisse ou non d'un royaume, ce qui compte, c'est l'attitude de chaque disciple. Comme Ran Qiu et Gongxi Chi se sont montrés plus modestes, et qu'ils avaient aussi les capacités requises, Confucius ne s'est pas moqué d'eux.

Confucius n'avait pas de temps à perdre avec les vantards. « Chercher à plaire aux hommes par des discours étudiés et un extérieur composé est rarement signe de plénitude humaine », disait-il. (I, 3.) « L'homme honorable s'applique à être lent dans ses discours et diligent dans ses actions », ajoutait-il. (IV, 24.) Par conséquent, le *junzi* ne paraît peut-être pas très impressionnant, mais, au fond de son cœur, il est infiniment fort, résolu et constant.

Selon un ancien dicton, il existe trois choses qu'on ne peut rattraper : une flèche décochée, une parole prononcée et une occasion manquée. « L'homme honorable, disait Confucius, aurait honte de laisser ses paroles outrepasser ses actions » (XIV, 27), formule qui est passée à l'état de proverbe en Chine.

Un *junzi* ne parle pas de ce qu'il veut faire ou des buts qu'il cherche à atteindre ; il attend toujours d'avoir réalisé ses intentions avant d'en glisser discrètement un mot dans la conversation. C'est ce que Confucius entendait par : « L'homme honorable commence par appliquer ce qu'il veut enseigner ; ensuite il enseigne. » (II, 13.)

Une autre question se pose ici : puisque Confucius ne condamne pas les ambitions de Zilu, de Ran Qiu et de Gongxi Chi, pourquoi n'approuve-t-il chaleureusement que Zeng Dian ?

Zeng Dian, explique Zhu Xi, le grand érudit confucéen de la dynastie Song, n'a d'autre ambition que de se contenter de sa situation présente : prendre plaisir à ses occupations quotidiennes, sans chercher nécessairement à se sacrifier aux autres. Mais comme il avait un cœur riche et plein, il voulait d'abord perfectionner son propre caractère, tout en situant la nature à sa juste place. Cette attitude augure aussi que sa future carrière sera d'un niveau supérieur à celle de ses trois condisciples, aux ambitions strictement professionnelles.

C'est ce que voulait dire Confucius par la formule : « L'honnête homme n'est pas un vase. » (II, 12.) Le véritable *junzi* n'essaie jamais d'utiliser ses réussites professionnelles pour obtenir une meilleure position sociale. Au contraire, il considère toujours le progrès personnel comme un point de départ ; il faut vouloir commencer par les tâches les plus immédiates, et cela avec la plus grande perfection intérieure.

Pour Confucius, la responsabilité sociale du *junzi* prend la forme de l'idéalisme, qui est un état supérieur au professionnalisme. Le *junzi* ne se cantonne jamais dans un emploi particulier : il n'est pas un « vase » à usage unique – quelqu'un qui atteint la qualification requise, se conforme aux règles, fait le travail demandé, mais rien de plus.

*Pour Confucius, la force des actes prime toujours la force des mots.*

N'oublions jamais que les êtres humains sont d'étranges créatures : nos pensées déterminent nos actions, c'est-à-dire, comme nous l'avons vu, que notre attitude conditionne tout. Les occupations quotidiennes de chacun de nous sont généralement assez similaires, mais nous leur donnons tous une explication différente.

Un réformateur religieux du XVe siècle raconte cette histoire qui changea sa vie tout entière :

Un jour où il passait devant un immense chantier de construction, il vit une foule d'hommes dégoulinant de sueur qui transportaient des briques sous un soleil ardent.

Il avisa l'un d'eux et lui demanda : « Qu'est-ce que vous faites ? »

L'homme répliqua, d'un ton rogue : « Vous ne voyez pas ? Charrier des briques, c'est un boulot très pénible ! »

Il posa la même question à un deuxième ouvrier.

Beaucoup plus placide que le premier, celui-ci rangea soigneusement les briques qu'il portait, et, après un dernier coup d'oeil à sa pile, répondit : « Je construis un mur. »

Il interrogea ensuite un troisième travailleur. Jovial et affable, ce dernier posa son fardeau, s'essuya le front et, relevant la tête, dit avec une grande fierté : « Nous bâtissons une église. »

Ces trois personnes faisaient exactement la même chose, mais leurs perspectives étaient totalement différentes.

Je qualifierai l'attitude du premier de pessimisme. Tout ce qu'il a à faire lui apparaît comme une besogne de plus dans une vie de labeur, et il ne voit que la corvée du moment (ce qui est, évidemment, une réalité).

La position du deuxième, je l'appellerai professionnalisme. Il sait qu'il construit un mur, que ce mur fait partie d'un ensemble, et qu'il doit travailler de son mieux pour gagner un salaire. C'est là son devoir, et il démontre ainsi un parfait professionnalisme. C'est ce que Confucius appelle « être un vase », et nul doute qu'il soit un excellent « vase ». Mais il ne se sent pas de vocation plus élevée.

La troisième perspective relève de l'idéalisme. Cet homme est conscient de chaque brique devant lui à un moment donné, et de chaque goutte de sueur, et il sait que tout cela aboutira à la création d'un bâtiment sacré, d'une église. Il connaît la valeur de chaque étape du processus, ainsi que le résultat de tout ce dur labeur. Ce faisant, il est plus qu'un simple « vase ». Les choses qu'il fait s'inscrivent dans notre vie, dans nos rêves, dans la question de savoir si nous sommes finalement capables de construire un temple. Et, en même temps, parce qu'il est plongé dans ce rêve d'un édifice sacré, il transcende la réussite individuelle pour atteindre à quelque chose de beaucoup plus grand.

Le rôle social d'un *junzi* s'adapte au contexte et évolue avec le temps. Ce ne sont pas ses actions qui comptent mais leurs motivations. Les *junzi* sont la conscience d'une société. Et tout le monde peut parvenir à devenir un *junzi*. Ce rêve, ce but est à la fois élevé et lointain, mais il n'est pas hors de notre portée. En fait, il se situe ici et maintenant, au fond du cœur de chacun d'entre nous.

*Chacun a ses buts propres, mais, dans les cycles et les rythmes précipités, répétitifs, du travail, quel loisir avons-nous d'écouter le fond de notre cœur ? La partie de nous-mêmes qui joue un rôle social est clairement visible, mais nous étouffons trop souvent la voix de notre âme.*

Je me rappelle cette nouvelle sur un homme très insatisfait de sa vie. Craignant d'être au bord de la dépression, il alla trouver un psychiatre.

« Chaque jour, expliqua-t-il au médecin, j'ai terriblement peur de rentrer chez moi après le travail. Quand je travaille tout est normal, mais dès que j'arrive à la maison je suis envahi de doutes et d'appréhensions. Je ne sais pas quelles sont mes ambitions profondes, je ne sais pas quels choix je devrais faire. Plus le soir approche, plus je suis tendu. Il m'arrive souvent de ne pas fermer l'œil de la nuit. Mais le lendemain matin, quand je pars au travail et que j'entre dans mon rôle professionnel, ces symptômes disparaissent.

Si cela doit continuer longtemps ainsi, j'ai peur de devenir fou. »

Après l'avoir écouté, le médecin lui fit cette proposition : « Il y a un comédien célèbre dans notre ville. C'est un prodigieux artiste. Tous ceux qui le voient se tordent de rire et oublient tous leurs ennuis. Pour commencer, pourquoi n'iriez-vous pas à l'un de ses spectacles ? Revenez me voir ensuite, et vous me direz si ça vous a fait du bien. Nous pourrons alors étudier un plan d'action. »

L'homme resta silencieux un long moment. Et, lorsqu'il leva enfin la tête, le médecin vit qu'il avait les yeux pleins de larmes. Presque trop bouleversé pour parler, il balbutia : « Ce comédien, c'est moi... »

*La réussite de notre vie professionnelle n'est pas nécessairement l'ambition véritable du cœur.*

Ce n'est qu'une fable, mais qui pourrait fort bien nous arriver dans le monde d'aujourd'hui. Pensez-y : quand nous nous sommes habitués à un rôle, que nous nous y sentons parfaitement à l'aise, en étant persuadés qu'il exprime notre ambition et atteste notre réussite professionnelle, quelle place reste-t-il pour nos aspirations spirituelles ? De quel espace disposons-nous en dehors de nos rôles, pour connaître véritablement le fond de notre cœur ? Telle est l'origine de la panique et de la confusion que tant de gens éprouvent quand ils sortent de leur fonction professionnelle.

Voici une autre fable :

Il était une fois trois petits mulots qui s'affairaient dans les champs en prévision de l'hiver.

Le premier cherchait frénétiquement des provisions et transportait toutes sortes de graines dans son trou.

Le deuxième battait la campagne, en quête de tout ce qui pourrait lui permettre de se protéger du froid, et il remplissait le terrier de paille, de foin et de duvet.

Et le troisième mulot ? Lui se promenait de-ci de-là en regardant le ciel, goûtant au spectacle de la nature, quand il ne s'allongeait pas pour se reposer un moment.

Ses deux laborieux compagnons le houspillaient en partant au travail et lui disaient : « Quel paresseux tu fais ! Si tu ne prépares pas l'hiver, comment te débrouilleras-tu quand la bise sera venue ? »

Mais le troisième mulot n'essayait même pas de se justifier.

Quand l'hiver arriva, les trois mulots s'abritèrent dans leur tanière encombrée de provisions. Ils ne manquaient ni de vivres ni de literie douillette, mais ils n'avaient rien à faire de toute la journée. Peu à peu l'ennui s'installa, et ils ne savaient comment passer le temps.

Alors le troisième mulot commença à raconter des histoires à ses deux compagnons : il leur parla de l'enfant qu'il avait vu au bord du champ un après-midi d'automne, d'un homme qu'il avait observé près de la mare un matin d'été. Il leur rapporta des conversations qu'il avait eues avec d'autres mulots du champ voisin ; il leur chanta la chanson d'un oiseau qu'il avait entendue au printemps…

C'est à ce moment-là seulement que les deux mulots travailleurs comprirent que pendant toute la belle saison leur compagnon avait recueilli des rayons de soleil pour les aider à passer agréablement l'hiver.

Revenons à l'ambition de Zeng Dian : se baigner avec des amis et communier avec la nature, quand celle-ci vient de secouer les chaînes de l'hiver et que toutes les plantes et tous les animaux se réjouissent. Si de telles activités semblent n'avoir aucune utilité pratique, elles peuvent apporter la paix et l'harmonie à l'âme. Pour jouir de cette paix et de cette harmonie, nous devons ne faire qu'un avec le ciel et la terre, être capables de percevoir les changements de rythme de la nature, savourer les quatre saisons, le paysage, les montagnes et les rivières, le vent et la lune…

Tout cela représente aujourd'hui pour nous un grand luxe. Dans notre monde moderne, il y a trop de choses hors de saison : dans la chaleur de l'été, la climatisation nous évente de brises rafraîchissantes ; quand arrive l'hiver glacial, le chauffage central rend la maison aussi tiède qu'au printemps ; pour le nouvel an chinois, à la fin de l'hiver, les tables regorgent de légumes aux couleurs vives, poussés en serre. Quand la vie devient aussi exagérément simplifiée, les traces que nous laisse le passage des quatre saisons s'estompent ; les transformations annuelles de la nature ne suscitent plus aucune réaction dans notre âme. La sensibilité de Zeng Dian nous fait défaut – sensibilité qui lui faisait souhaiter d'être modelé par le début du printemps –, et par conséquent nous manque cette plate-forme d'où nous pourrions laisser nos ambitions supérieures déployer leurs ailes pour s'envoler.

La relation entre nos buts et nos actions est exactement celle entre un cerf-volant et sa corde. C'est la corde entre vos mains qui détermine la hauteur à laquelle peut s'élever votre cerf-volant. Et cette corde, ce sont les aspirations de votre âme. Plus votre esprit est calme, réaliste et constant, plus vous trouverez facile de rejeter les choses extérieures grandioses et tape-à-l'œil pour écouter respectueusement la voix sereine de votre cœur. Cela signifie que, lorsque vous adoptez un rôle social, vous n'allez pas perdre contact avec vous-même, vous serez capable d'assumer de bon gré vos responsabilités et d'accomplir votre tâche au mieux.

Beaucoup de gens ont le sentiment que les ambitions décrites dans le long entretien du livre XI diffèrent sensiblement des autres propos de Confucius et de ses disciples sur le sujet. Par exemple, ces ambitions ne sont pas pesantes, contrairement à ce que dit Zengzi ailleurs (VIII, 7) : « Un gentilhomme doit être robuste et courageux. Le fardeau est lourd, et long le voyage. »

Mais, si nous y réfléchissons, les attitudes en question sont en réalité les arbres sur lesquels ces « fardeaux », ces grandes ambitions personnelles et sociales, vont croître et fructifier. Si, dans son rôle professionnel, une personne manque de sérénité, ou ne comprend pas le fond de son cœur, elle sera tout juste bonne à donner des ordres, sans le moindre espoir de s'améliorer personnellement.

N'oublions jamais que le perfectionnement de soi-même n'est pas égoïste. Le progrès personnel que recommande Confucius n'implique aucunement que nous devions abandonner nos responsabilités sociales ; au contraire, nous nous améliorons pour mieux servir la société.

En Chine, le *shi*, qu'on appelle parfois « gentilhomme-érudit » et qui constitue la plus haute classe intellectuelle, considère la société dans laquelle il vit comme sa responsabilité personnelle.

« Un *shi* qui ne cherche que son bien-être n'est pas digne de ce nom », a pu dire Confucius (XIV, 2 ou 3). Autrement dit, celui qui passe ses journées sans penser à autre chose qu'à son petit cercle familial et à ses affaires personnelles ne pourra jamais devenir un véritable gentilhomme.

C'est exactement cet aspect de la responsabilité que Zigong évoquait quand il demanda à Confucius (XIII, 20) : « Que faut-il faire pour mériter d'être appelé gentilhomme ? »

Son maître lui répondit : « Celui-là mérite d'être appelé *shi* qui dans sa conduite privée a le sens de l'honneur et, dans les missions qui lui sont confiées en pays étrangers, ne déshonore pas le prince qui l'a envoyé. »

Pour être un « gentilhomme », il faut être courtois et intègre, savoir se dominer, avoir un cœur ferme et constant, et ne pas violer ses principes, tout en étant utile à la société. Quand on est devenu la meilleure version possible de soi-même, on ne doit pas s'abandonner à l'autosatisfaction, mais contribuer activement au bien de la société, être fidèle à sa mission et « ne pas déshonorer le prince qui nous envoie ». Ainsi seulement, dit Confucius, mérite-t-on d'être considéré comme un *shi*. Et ce n'est pas facile, parce qu'on ne peut savoir à l'avance ce que sera sa mission.

Trouvant ces exigences trop élevées, Zigong reprit : « Permettez-moi de vous demander quel est celui qui vient immédiatement après.

— C'est, répondit Confucius, celui dont la piété filiale est attestée par tous les membres de la famille, et dont le respect pour les aînés est loué par tous les habitants du bourg et tous les voisins. »

Si la famille au sens large est unanime à saluer votre comportement envers vos parents, si, dans votre quartier ou votre village, tous s'accordent à vous considérer comme le meilleur des voisins, vous êtes un *shi*, mais de deuxième ordre.

« Permettez-moi de vous demander quel est celui qui vient au troisième rang, poursuivit Zigong.

— Un homme fidèle à sa parole et qui mène à bien ses actions, répondit Confucius. Même s'il fait montre de l'opiniâtreté propre aux gens de peu, il peut, cependant, être placé au troisième rang. »

Ce jugement risque fort de stupéfier le lecteur d'aujourd'hui. Un comportement d'un niveau aussi élevé permettrait seulement de prétendre être un « gentilhomme » de troisième catégorie ? Combien de gens aujourd'hui peuvent réellement affirmer qu'ils tiennent toujours parole et mènent toutes leurs actions à terme ?

Si difficiles à atteindre soient-ils, ces trois niveaux d'exigence sont seuls à qualifier, selon Confucius, les personnes susceptibles de jouer un rôle au service de la société.

> *Le maître dit : « Un gentilhomme qui tend vers la voie, s'il rougit d'un vêtement grossier et d'une nourriture ordinaire, ne mérite pas qu'on le prenne au sérieux. » (IV, 9.)*

Lin Xiangru, le célèbre ministre du royaume de Zhao pendant la période des Royaumes combattants (475-221 av. J.-C.), est le modèle du *shi* accompli : celui qui « dans les missions qui lui sont confiées en pays étrangers ne déshonore pas le prince qui l'a envoyé ».

Il advint que le roi de Zhao acquit le Jade de Hesheng, un bijou d'une rareté et d'une valeur incalculables, plus précieux, même, que plusieurs villes. Le roi de Qin, brûlant de s'en emparer, dépêcha au roi de Zhao un ambassadeur chargé de lui dire qu'il voulait voir ce jade et qu'il était prêt à l'échanger contre quinze de ses cités. Le roi de Zhao savait son homologue impitoyable et avide : lorsque la pierre serait au Qin, il lui serait impossible de la récupérer. Lin Xiangru lui dit alors : « Si nous ne montrons pas le jade, nous nous mettrons en tort. Je vais personnellement le porter et, si je ne peux obtenir les quinze villes promises, je sacrifierai ma vie plutôt que de laisser tomber le trésor entre les mains du roi de Qin. »

Quand Lin Xiangru arriva dans le royaume de Qin avec le jade, le roi le reçut négligemment dans une pièce secondaire de son palais, et fit circuler le joyau sans prix entre ses ministres et les dames de la cour, qui ricanaient à qui mieux mieux. Voyant cela, Lin Xiangru comprit que le royaume de Zhao était traité avec le même mépris que le jade. Il dit alors au roi de Qin : « Sire, ce jade a un petit défaut, je vais vous le montrer. » Quand la pierre fut entre ses mains, Lin Xiangru fit quelques pas en arrière et s'adossa à une colonne. Au paroxysme de la colère, il lança au roi : « En recevant notre trésor dans un pareil endroit, vous avez déshonoré et ce jade et le royaume de Zhao. Avant de venir ici, quinze jours durant nous avons brûlé de l'encens, fait des sacrifices et jeûné, pour marquer notre respect envers le royaume de Qin. Je suis venu apporter le jade avec la plus grande révérence, mais vous l'avez dédaigneusement transmis à vos courtisans. Votre attitude cavalière montre bien que vous n'avez aucune intention de nous donner quinze villes en échange. Si vous voulez vraiment cette pierre, il vous faudra jeûner et brûler de l'encens pendant quinze jours comme nous l'avons fait, et donner ces quinze villes. Alors seulement je vous remettrai le jade. Sinon, je vais à la fois briser cette pierre et ma tête sur la grande colonne de votre galerie dorée. » Le roi de Qin eut peur et s'empressa d'accéder aux exigences du ministre.

Lin Xiangru savait que le roi de Qin ne tiendrait pas parole, aussi ordonna-t-il aux siens de s'enfuir le soir même à Zhao, en emportant le trésor. Lui resta à Qin et avoua le lendemain au roi ce qu'il avait fait : « Je sais que vous n'êtes pas disposé à nous donner ces villes, mais, à cet instant, le jade est déjà retourné intact au Zhao. »

Les histoires de ce genre ne sont pas rares dans les livres et les chroniques de la Chine ancienne. La façon dont on aborde une tâche professionnelle quand tout change soudain autour de soi est un bon moyen de tester sa maturité. Comment peut-on vaincre sa peur et garder son sang-froid ? Pour cela, il faut trouver en soi un point sur lequel ancrer ses espoirs. Ce n'est pas nécessairement une « grande ambition » comme le pouvoir, l'argent ou quoi que ce soit de ce genre. Chacun de nous a un but qui compte plus que tout au monde, et, si l'on arrive à trouver cet idéal sur lequel river ses espérances, on disposera pour la vie tout entière d'un solide ancrage et d'une fondation ferme pour son être intérieur.

Pour Confucius, tous les grands objectifs sont bâtis

sur des fondations simples de ce genre. La pensée positive est l'une des forces les plus puissantes au monde, et ce à quoi nous aspirons tous au fond, ce n'est pas à la richesse matérielle, mais au luxe d'un voyage spirituel.

Confucius dit un jour qu'il « aurait voulu aller vivre au milieu des neuf tribus barbares de l'Est », aux confins orientaux de la Chine peuplés de non-Han. Quelqu'un tenta de l'en dissuader en disant : « Ils sont grossiers ; convient-il de vivre parmi eux ? »

Confucius répondit simplement : « Si un homme honorable demeurait au milieu d'eux, le resteraient-ils encore ? » (IX, 13 ou 14.)

Il y a deux interprétations possibles à cette réponse. La première est que la « mission » du *junzi* concerne le monde entier ; pour lui, un lieu n'est qu'un environnement extérieur, qu'il soit riche et luxueux, ou simple et fruste. La seconde est que l'esprit d'un *junzi* émet une énergie constante et stable, capable d'illuminer et de faire fleurir tout ce qui l'entoure. L'atmosphère qu'il crée dans sa propre vie et autour de lui peut transformer jusqu'à des « barbares ».

Liu Yuxi (772-842), poète de la dynastie Tang, illustre dans son célèbre poème « Mon humble maison » l'attitude de tous les gentilshommes-érudits chinois envers une vie modeste. Nous ne sommes peut-être pas capables de changer les conditions matérielles dans lesquelles nous vivons, dit-il, mais à quoi bon être trop exigeant puisque dans notre environnement le plus important est notre entourage ? Là où fuse « le rire des gens cultivés et des sages », « aucune vulgarité ne peut entrer ».

*La voie de l'ambition nous donne un point de départ fixe, accessible, ainsi qu'une source et une réserve de bonheur intérieur.*

Comment alors atteindre notre but ? Commençons par quelque chose de simple et de banal qui nous mènera au bonheur spirituel.

Quand nous comprenons vraiment l'entretien entre Confucius et ses quatre disciples sur l'ambition ; quand nous lisons ces paroles venues du cœur : « J'approuve le sentiment de Dian » ; quand nous savons qu'un sage comme Confucius, exemple pour nous tous à travers les siècles, ne souhaitait rien tant que, à la fin du printemps, « se baigner dans la rivière Yi, respirer l'air frais sur la terrasse des Danses pour la Pluie, puis revenir en chantant des vers », nous voyons que son désir est en fait très semblable à la communion solitaire avec les esprits du ciel et de la terre décrite par le philosophe Zhuangzi.

Autrement dit, les sages et les hommes vertueux de l'Antiquité ont tous entrepris leur voyage spirituel à partir d'une base fixe : leurs propres valeurs personnelles. Ils ont commencé par comprendre les aspirations de leur âme, avant de faire de grands projets ou de former de grandes ambitions.

Nous voulons tous trouver le centre fixe de notre vie, à partir duquel nous pourrons entreprendre le long périple qui nous attend. Construisons une sagesse de l'âme, fondée sur la sagesse qui vient de la connaissance de soi-même ; entrons dans la sagesse de Confucius, pour devenir à notre tour ses disciples apaisés, par-delà les bouleversements et le tumulte des siècles, et contemplons aujourd'hui son visage serein et ferme. Rappelons-nous son conseil d'être proche de la nature, et, dans les rares accalmies de notre vie agitée, accordons-nous un petit recueillement de l'âme, contrairement à ce comédien à la personnalité dédoublée qui n'osait plus affronter son être intime. En fait, à notre époque moderne, la sérénité que nous trouvons dans les conceptions quotidiennes de Confucius, dans la clarté et la vérité de ses idées, et la force que nous y puisons devraient nous encourager à chérir notre être intérieur et à reconnaître que les racines de toutes nos ambitions se trouvent au plus profond de nous-mêmes.

Confucius n'oublie jamais combien cela est difficile. Mais ses enseignements nous guident à travers les différents défis que nous devons affronter au fil des ans. Il nous aide à comprendre ce qui est exigé de nous à chaque étape de notre voyage à travers la vie.

陳傳席作

*Sixième Partie*

# LA VOIE DE L'EXISTENCE

*Confucius disait que sa vie comportait six étapes.*
*Sa description de son voyage à travers l'existence est toujours pleine d'enseignements pour nous dans le monde actuel.*
*La clé est de reconnaître ce qu'il veut que nous retirions de sa sagesse pour rendre notre vie plus fructueuse et plus riche.*

*Le plus grand regret des hommes* a toujours été la fuite du temps.

En Chine, tout le monde connaît le poème calligraphié par Sun Ranwang sur deux colonnes jumelles du pavillon Daguan à Kunming. Il commence ainsi : « Les cinq cents *li* du lac Dianchi s'étendent devant nos yeux. / Des milliers d'années d'événements passés viennent aussitôt à l'esprit. »

Pour un philosophe, une rivière qui coule n'est qu'un phénomène naturel. Le temps aussi coule comme une rivière et ne peut être ni retenu ni rétabli.

« Je pleure sur ma vie passée, et les larmes mouillent mes vêtements. Les eaux de la rivière s'écoulent, immuables, éternelles », écrivait Du Fu dans « Lamentation au bord de la rivière ». Et dans « En contemplant le passé sur le mont Xisai », Liu Yuxi constatait : « Dans notre vie humaine, que de sources de chagrin et de regret ! Les montagnes se dressent immuables, tandis qu'entre elles coule la rivière hivernale. » Brève est la vie humaine, alors que la nature est éternelle ; ce puissant contraste suffit à ébranler l'âme et à embuer les yeux de larmes.

Rien d'étonnant à ce que Zhang Ruoxu, le poète de la dynastie des Tang, ait posé cette éternelle question à la lune dans « Nuit de lune sur le fleuve » :

*Qui le premier vit la lune sur la rive de ce fleuve ?*
*Quand la lune a-t-elle brillé ici la première fois sur l'homme ?*
*Les générations humaines se suivent sans trêve,*
*Mais le fleuve et la lune restent les mêmes, année après année.*
*Je ne sais qui le fleuve et la lune attendent,*
*Je vois seulement couler les eaux du Yangzi.*

Confucius n'était pas en reste : « Le maître se trouvant au bord d'un cours d'eau dit : "Tout passe comme cette eau ; rien ne s'arrête ni jour ni nuit." (IX, 16 ou 17.) Chaque Chinois connaît ces mots. C'est une phrase obscure, qui ne fait que suggérer son sens, mais elle porte en elle un profond regret devant les changements et les épreuves de la vie.

Au milieu de cet univers infini, parmi les cycles éternels de la nature, chaque vie humaine est si minuscule et insignifiante, fugitive comme un clin d'œil. Dans ces conditions, comment devrions-nous organiser notre brève existence ?

Tout en déplorant que la vie s'écoulât comme un cours d'eau, Confucius en traça un itinéraire à ses disciples, et aux centaines de générations après eux :

*Le maître dit : « À quinze ans, ma volonté était tendue vers l'étude ; à trente ans, j'avais pris position ; à quarante ans, je n'éprouvais plus d'incertitudes ; à cinquante ans, je connaissais le décret céleste ; à soixante ans, j'avais l'oreille à l'unisson ; à soixante-dix ans, en suivant les désirs de mon cœur, je ne transgressais aucune règle. » (II, 4.)*

Examinons rapidement le chemin dans la vie que décrit le Sage, pour voir quelles leçons nous pouvons en tirer, et ce qu'il signifie pour nous.

Une vie humaine n'est qu'un instant emprunté au temps ; à mesure que les mois et les années s'écoulent, nous tâchons de leur donner une certaine forme, en espérant créer quelque chose d'éternel, qui témoignera pour nous après notre disparition.

Nous avons tous des ambitions et des motivations personnelles, mais il nous faut d'abord nous accommoder de la société dans laquelle nous vivons. L'étude commence par la transformation d'un être humain naturel, informe, en une personne façonnée par les règles de la société. Quand Confucius déclare : « À quinze ans, ma volonté était tendue vers l'étude », il évoque son point de départ dans ce voyage, et c'était également ce qu'il exigeait de ses élèves.

Confucius lui-même disait souvent : « La connaissance n'est pas innée en moi ; mais mon amour pour l'Antiquité m'y fait aspirer avec ardeur. » (VII, 19 ou 20.) Même un sage comme lui ne comprenait pas tout d'emblée. Mais, comme il s'intéressait profondément à la culture et aux expériences des Anciens, il était capable de travailler inlassablement et d'étudier avec diligence.

Aujourd'hui, nous voulons bâtir une société où l'éducation soit librement accessible à tous. Mais quel genre d'instruction faut-il ?

À l'ère de l'information, il y a simplement trop de

choses à apprendre. Les enfants d'aujourd'hui n'attendent plus quinze ans pour « tendre leur volonté vers l'étude » ; beaucoup commencent avant même d'avoir cinq ans. Mais qu'apprennent-ils ? Quelques-uns mémorisent les valeurs de π loin après la décimale ; d'autres peuvent réciter de longs poèmes en chinois classique pour éblouir les invités lors des grands repas familiaux. Mais tout cela leur sera-t-il vraiment utile le reste de leur vie ? Combien de choses enseignées aujourd'hui correspondent à « l'étude pour s'améliorer », chère à Confucius ? Et combien d'enfants étudient dans le but d'utiliser ce qu'ils ont appris ?

À l'époque moderne, le plus angoissant réside dans l'excès d'informations ; notre plus grosse difficulté est de choisir. Nous avons désespérément besoin d'un plan réfléchi qui nous guide dans le labyrinthe des possibilités pour apprendre ce qui nous est réellement utile.

Confucius considérait que « dépasser les limites n'est pas un moindre défaut que de rester en deçà ». Les meilleures choses ont toujours leur optimum ; si vous êtes trop avide, vous allez mordre plus que vous ne pouvez mâcher, et votre cerveau ressemblera au disque dur d'un ordinateur, plein d'un savoir passif amorphe. Vous feriez bien mieux de vous servir de vos connaissances limitées et d'étudier pour ne maîtriser qu'un sujet et en imprégner votre vie.

Confucius dit : « Étudier sans réfléchir est une occupation vaine ; réfléchir sans étudier est dangereux. » (II, 15.) Nous devons simultanément apprendre, penser et utiliser ce que nous avons appris.

En Chine, notre système d'éducation supérieure nous

fournit un savoir standardisé, mais nous pouvons y ajouter largeur et profondeur. La méthode confucéenne, qui combine réflexion et étude, a beaucoup à nous enseigner.

Par l'étude, l'expérience et l'apprentissage, nous allons peu à peu progresser et finir par comprendre les choses à la fois intellectuellement et intuitivement. Voilà où nous en serons à l'approche de la trentaine.

*« À trente ans, j'avais pris position. »*
*En Chine, cette phrase est devenue proverbiale. À cet âge-là, en effet, tout le monde ou presque commence à faire un bilan et à se demander : « Ai-je défini mes positions ? »*
*Qu'est-ce que cela veut dire ? Faut-il avoir une voiture, un appartement, ou une situation professionnelle, pour pouvoir dire que l'on a pris position ? Et en quoi atteindre l'âge de trente ans, qu'en Chine on appelle l'année de la prise de position, nous affecte-t-il ?*

Ces temps-ci, il semble que nous atteignions l'âge adulte de plus en plus tard, surtout dans les grandes villes, où l'on appelle encore « garçons » ou « filles » des gens de trente ans. Comment décider alors si quelqu'un a fait ses choix dans le monde ? Et quelles responsabilités cette résolution implique-t-elle ?

Par exemple, quand les enfants commencent leurs études primaires, ils croient que le soleil est toujours radieux, que les fleurs sont d'un rouge éclatant, que les gens ont bon cœur, que le monde est plein de bons sentiments, que le prince et la princesse vont se marier à la fin, et que la vie ne comporte ni chagrin ni douleur.

Avec l'adolescence, une forte tendance à la rébellion va apparaître, et à vingt ans, quand ils entreront dans la vie, les jeunes auront le sentiment que rien dans la société ne marche comme il le devrait, que le monde des adultes les trahit, que l'existence déborde de laideur, de misère et de duperie. Cette phase de la croissance est teintée d'une morosité particulière, réaction inévitable à la période précédente. Mais, lorsqu'on arrive à trente ans, on doit avoir atteint le stade de l'épanouissement, où l'on ne croit ni que tout est beau et merveilleux, comme à dix ans, ni que tout est sinistre et cruel, comme à l'adolescence.

Prendre position à trente ans est avant tout une attitude intérieure, trouver sa place dans la société vient ensuite.

Du point de vue de l'indépendance spirituelle, une éducation réellement bonne signifie s'appliquer tout ce que nous apprenons, pour que les connaissances engrangées deviennent nôtres. C'est le genre d'instruction que la culture chinoise exige de nous.

La période entre quinze et trente ans est celle de l'apprentissage. Mais comment parvient-on à cet état d'intégration, dans lequel nous nous approprions tout ce que nous avons appris ?

Les Chinois abordent traditionnellement l'éducation de deux façons : nous appelons l'une « j'explique les Six Classiques » et l'autre « les Six Classiques m'expliquent ».

La première méthode demande d'étudier les classiques tout au long de sa vie, jusqu'à la vieillesse ;

lorsque vous avez les cheveux blancs et que vous avez fini de lire tous les livres, vous êtes enfin en mesure de les commenter.

La seconde méthode, « les Six Classiques m'expliquent », se situe sur un plan tout à fait différent. Il s'agit d'utiliser l'esprit des classiques pour expliquer et éclairer sa propre vie.

C'est à trente ans que l'on bâtit une confiance en soi intérieure. Celle-ci ne se construit pas en opposition au monde extérieur. Au contraire, elle crée une sorte d'harmonie, dans laquelle l'intérieur et l'extérieur se rehaussent mutuellement. À la façon du distique sur le mont Tai (une des cinq montagnes sacrées de la Chine, au nord de la ville de Tai'an, dans la province du Shandong *[N.d.T.])* : « La mer s'étend jusqu'à sa plus lointaine extrémité, le ciel est son rivage. En gravissant le sommet, je serai un autre pic de la montagne. » C'est l'une des attitudes des Chinois envers la nature : nous ne cherchons pas à conquérir ou à soumettre montagnes et rivières, nous considérons que celles-ci nous élèvent. De même que la mer s'étend à l'infini, sans autre littoral que le ciel, et nous donne l'impression que le monde entier se déploie sous nos yeux, en atteignant le sommet d'une montagne nous n'avons pas le sentiment que nous la foulons aux pieds, mais qu'elle nous hisse à de nouvelles hauteurs.

Tel est l'état que nous appelons « les Six Classiques m'expliquent ».

Confucius enseignait à ses disciples à vivre simplement : faire ce qui est devant soi aussi bien que possible et ne pas s'inquiéter de la plupart des choses.

Par exemple : « Le maître ne parlait pas des choses

extraordinaires, ni des actes de violence, ni des troubles, ni des esprits. » (VII, 20 ou 21.) Confucius n'aimait pas discuter des dieux et des esprits, parce qu'il concentrait son attention sur les comportements réels et tangibles.

Lorsque Zilu l'interrogea un jour sur la manière d'honorer les esprits, Confucius lui répondit tranquillement : « Celui qui ne sait pas remplir ses devoirs envers les hommes, comment saura-t-il honorer les esprits ? » Avant d'étudier, il faut voir les choses simplement et commencer par ce qui se trouve devant soi. Ne vous lancez pas d'emblée dans de grandes méditations sur des questions profondes et vides.

Mais Zilu n'entendait pas rendre les armes si facilement. « Permettez-moi de vous interroger sur la mort », reprit-il.

Avec la même sérénité, Confucius répondit : « Celui qui ne sait pas ce qu'est la vie, comment saura-t-il ce qu'est la mort ? » (XI, 11 ou 12.)

Ces remarques ont encore beaucoup à nous apprendre aujourd'hui. Quand vous étudiez, faites d'abord de votre mieux pour comprendre les choses de la vie qui sont à votre portée. Ne vous éparpillez pas en vain. Avant d'avoir atteint l'âge de « prendre position », ce n'est qu'en avançant pas à pas que nous pourrons parvenir, le moment venu, à nous faire une opinion vraiment personnelle.

Pour moi, donc, « prendre position à trente ans » ne signifie pas déterminer si l'on a atteint tel ou tel critère social extérieur. Il s'agit d'évaluer sa vie par rapport à des valeurs intérieures, celles du cœur et de l'âme, pour juger si l'on a commencé à acquérir une introspection lumineuse, sereine, posée, et, par conséquent, si l'on a atteint un état où l'on peut régler ses propres affaires avec assurance et efficacité.

Dépasser le profit matériel pour se centrer sur son être intérieur est, pour moi, la plus grande preuve qu'on a « pris position ».

On trouve de nombreux exemples de cette attitude dans la culture chinoise. Ainsi le vieil homme au chapeau de pluie en paille dans le poème de Zongyuan, qui « pêche seul dans la rivière enneigée », dans le froid mordant de l'hiver, et lance son hameçon pour l'amour de la chose. Ou le grand poète et érudit Wang Huizhi, qui part dans une petite barque par une nuit de neige pour rendre visite à son ami Dai Kui : arrivé à la porte de celui-ci, il fait demi-tour sans même frapper. Pourquoi ? Parce qu'il était parti sur un coup de tête ; à ce moment-là son ami lui manquait. Mais, en arrivant à sa porte, l'envie lui a passé, et il tourne les talons. Ces Anciens étaient fidèles à eux-mêmes ; la direction que leur indiquait leur cœur déterminait le sens de leurs actions.

*Entre trente et quarante ans, on passe de l'âge de « prendre position » à celui où, dit Confucius, on « n'éprouve plus d'incertitudes ».*
*Ce devraient être les meilleures années de notre vie. Mais tout le monde parvient-il à s'affranchir des incertitudes, la quarantaine venue ?*

Dans la société moderne, les quadragénaires ont atteint le milieu de la vie. Ils sont connus et respectés dans la profession qu'ils ont choisie, mais une génération plus âgée les précède, une plus jeune les suit, et cela exerce sur eux une forte pression. Dans une situation aussi délicate, quelle est la meilleure manière de nous affranchir des doutes et des inquiétudes ?

Confucius revient souvent sur l'idée de « se libérer des doutes ». Y parvenir exige une grande sagesse.

Les années entre trente et quarante ans sont le plus bel âge de notre vie. Avant, on vit par addition, on est toujours en train d'acquérir à l'extérieur de soi ce dont on a besoin : l'éducation, l'expérience, la richesse, les relations, la réputation et ainsi de suite. Mais plus nous avons de choses matérielles, plus la perplexité et les doutes nous envahissent.

Après trente ans, nous devons commencer à vivre par soustraction : nous devons apprendre à nous dépouiller de ce dont notre âme n'a pas réellement besoin.

Notre cœur est pareil à une maison neuve : quand ses propriétaires emménagent, ils veulent la remplir de meubles, de rideaux et d'autres décorations. Le résultat, c'est que la maison finit par être aussi encombrée d'objets divers qu'une ruelle de Pékin, et qu'il ne nous reste plus de place où nous mettre. Nous sommes devenus les esclaves de nos possessions.

Apprendre à vivre par soustraction signifie se séparer des gens que nous ne voulons plus comme amis, refuser de faire ce dont nous n'avons pas envie, et repousser l'argent que nous ne souhaitons pas gagner. C'est seulement quand nous oserons et saurons comment nous dessaisir de tout cela que nous nous affranchirons véritablement de nos doutes. À ce moment-là, nous penserons et agirons selon les idées explorées dans *L'Invariable Milieu.*

*L'Invariable Milieu* est l'un des *Quatre Livres* qui forment le noyau de l'enseignement confucéen et qui ont contribué à définir dans la Chine ancienne les règles de conduite les plus élevées. D'un point de vue philosophique, il traite du « degré » le plus approprié à la réalisation de quelque chose. Souvent on y voit à tort une apologie de la médiocrité, de la sournoiserie et de la roublardise, du compromis aux dépens des principes, voire un refus de distinguer entre le bien et le mal.

*L'Invariable Milieu* dit : « Quand le bonheur, la colère, le chagrin et la joie ne sont pas exprimés, on appelle cela le Milieu ; quand ils s'expriment, mais d'une façon mesurée et équilibrée, on appelle cela l'Harmonie. Le Milieu est la grande racine du monde, l'Harmonie est la grande Voie du monde. » Autrement dit, l'état idéal est celui où tout est en harmonie – le ciel, la terre et toute la nature se tenant chacun à sa juste place. Cette attitude implique que, même si le monde extérieur vous traite injustement, vous connaissez votre position, ce qui vous aide à affronter les coups et les regrets de la vie, et vous ancre dans la réalité.

Quand se pose la question de décider des meilleures façons d'agir, si l'on se demande non pas quelle est la méthode la plus correcte, mais quelle est la plus appropriée, on évitera presque toujours les extrêmes.

« Apprenez des dynasties de jadis à aider l'ordre nouveau, dit le grand philosophe Feng Youlan. Nos idéaux doivent être les plus élevés, mais nos actions doivent suivre la Voie du Milieu. » Cette voie implique d'atteindre un état moral très élevé par la méthode la plus appropriée. « À leurs extrêmes, la gloire et l'éclat retournent à la Voie Moyenne », disaient les Chinois de jadis. Entre vingt et quarante ans, vous tracez votre chemin dans la vie, mais c'est seulement la quarantaine venue, lorsque l'on s'affranchit des doutes, que vous saurez faire preuve d'une pondération sereine et du sens des responsabilités. Et quand quelqu'un a atteint ce stade, nombre de ses valeurs vont changer.

Puis, quand dix autres années auront passé, et que nous parviendrons à la cinquantaine, d'autres changements se seront produits.

*« À cinquante ans, je connaissais le décret céleste », disait Confucius. Qu'entendait-il par là ? Est-ce la même chose que le dicton « Ce que le destin veut se produira tôt ou tard ; ce que le destin ne veut pas n'essaie pas de le forcer » ? Faut-il comprendre qu'à cinquante ans nous devons nous résigner à notre sort ?*

Si nous voulons répondre à cette question, il nous faut d'abord comprendre clairement ce que Confucius entend par « connaître le décret céleste ».

« Je ne me plains pas du ciel et n'accuse pas les hommes, disait-il. En étudiant ce qui est en bas, je pénètre les hauteurs. Celui qui me connaît, n'est-ce pas le ciel ? » (XIV, 35.) Le philologue Huang Kan (1886-1935) en donne l'interprétation suivante : « Étudier ce qui est en bas, c'est étudier les affaires humaines ; pénétrer les hauteurs, c'est parvenir à la volonté du ciel. J'ai étudié les affaires humaines, elles ont un sort heureux ou malheureux, par conséquent je n'accuse pas les hommes ; au-dessus se trouve la volonté du ciel, qui peut être pour ou contre nous, par conséquent je ne me plains pas du ciel. » Autrement dit, il nous faut accepter ce que le destin nous réserve. Quand nous y sommes parvenus, que ce soit favorable ou défavorable, sachons tout ce qui est bon et mauvais dans notre monde, et sachons que tout cela est en fait parfaitement naturel – alors nous pourrons y faire face avec rationalité et sérénité.

« Je ne me plains pas du ciel et n'accuse pas les hommes » sont des paroles qu'on entend souvent, même aujourd'hui, mais c'est beaucoup plus facile à dire qu'à faire. Si vous pouvez arrêter de vous plaindre, si vous êtes capable de ne pas exprimer toutes vos critiques, vous allez cesser de rejeter le blâme sur les autres.

Cette façon de garder le silence vaut aussi pour les médisances. Le maître dit : « Le sage tend vers le haut ; l'homme de peu tend vers le bas. » (XIV, 23.) Seuls les hommes vulgaires passent leur temps en commérages malveillants et en querelles personnelles. Le *junzi*, à l'inverse, écoute le fond de son cœur, se forge un ensemble de convictions intimes et accomplit son destin. Confucius disait aussi : « Celui qui ne connaît pas le décret céleste ne saurait être un homme honorable. Celui qui ne connaît pas les règles et les usages ne saurait s'affermir. Celui qui ne connaît pas le sens des propos ne peut connaître les hommes. » (XX, 3.)

Il estimait, en effet, que la perfection de l'être intérieur d'une personne et son désir de se conformer à son destin sont beaucoup plus importants que d'imposer ses exigences aux autres.

Pour Confucius, ces trois étapes de la vie – « connaître le décret céleste », « connaître les règles et les usages » et « connaître le sens des mots » – surviennent dans l'ordre inverse. Nous apprenons d'abord les mots, et nous finissons par comprendre les autres et la société dans laquelle nous vivons par la conversation et la lecture. Mais comprendre le sens des mots ne suffit pas pour trouver sa place dans la société. Nous devons aussi faire de même avec les règles et les usages, tout ce qui nous permet de respecter les autres. Un peu plus de respect réduit les doléances. Le niveau le plus élevé est la compréhension du destin. Comprendre le décret céleste, c'est devenir un *junzi*, l'idéal de Confucius. À ce stade, nous nous serons créé un système de valeurs indépendant, notre être intérieur sera imprégné d'une force réaliste et sereine, que nous pourrons utiliser dans toutes nos interactions avec le monde extérieur.

Connaître la volonté du ciel signifie qu'à cinquante ans vous aurez une grande rigueur intérieure. Vous aurez atteint le stade où l'on ne se plaint pas du ciel et où l'on n'accuse pas les hommes. Et les événements extérieurs seront impuissants à vous influencer.

Le philosophe taoïste Zhuangzi (v. 350-v. 275 av. J.-C.) avait une vision très semblable : « Que le monde entier le louât ne le faisait pas redoubler d'efforts, que le monde entier le condamnât ne l'abattait pas. Il distinguait clairement entre ce qui était à l'intérieur et ce qui était à l'extérieur, il comprenait la différence entre la vraie gloire et l'opprobre, mais en restait là. »

Autrement dit, quand le monde entier vous louera, vous resterez impassible ; de même, quand tout le monde vous fera des reproches et vous condamnera, vous ne perdrez pas courage, mais persisterez, sans vaciller, dans vos croyances. C'est ce que signifie « distinguer clairement entre ce qui est à l'intérieur et ce qui est à l'extérieur » et comprendre « la gloire » et « l'opprobre ».

Ce que nous appelons grandir et mûrir est un processus selon lequel notre être intérieur devient progressivement plus fort par l'expérience, si bien que nous acquérons la capacité de transformer les choses extérieures en force intérieure.

En Chine, nous associons naturellement l'idée de « comprendre le décret céleste » avec les romans de kung-fu de Jin Yong.

*Connaître la volonté du ciel est une forme de constance à laquelle nous pouvons recourir face au monde extérieur.*

Dans les romans chinois de cape et d'épée, quand un jeune héros fait sa première apparition, il manie généralement un sabre précieux au tranchant incomparable, sans égal dans tout le pays, et exécute une magnifique démonstration d'escrime, faisant siffler et flamboyer son arme avec une grâce de danseur accompli. Mais, lorsqu'il a amélioré sa maîtrise des arts martiaux à force de persévérance et d'exercice, qu'il s'est vraiment établi dans sa vie de guerrier et a acquis une petite réputation, le sabre dont il se sert peut n'être qu'une lame émoussée qu'il ne s'est jamais soucié d'aiguiser. À ce stade, le tranchant ne compte plus pour lui, parce que sa sagesse intérieure et son expérience sont devenues plus riches et plus solides. Et lorsqu'il est devenu un maître célèbre, qu'il a vaincu tous les champions des écoles rivales, il peut même n'avoir plus d'épée, rien qu'un bâton. Le fil et la qualité du métal n'ont plus d'importance pour lui, une badine lui suffit. Et lorsqu'il est parvenu au stade suprême – tel Dugu Qiubai, le héros qui cherchait sans relâche un adversaire à sa mesure –, il ne porte même plus la moindre arme : toutes ses techniques martiales se sont incorporées dans son cœur et son esprit, et il peut créer l'essence d'un sabre rien qu'en étendant le bras. Désormais, ses ennemis n'ont plus de stratégies ou de ruses susceptibles de le vaincre, parce qu'il a dépassé ce niveau. Son adversaire se retrouve donc décontenancé, incapable de comprendre ce qu'il fait et impuissant à le dominer.

Dans la culture chinoise, la maîtrise est l'état le plus élevé que n'importe qui puisse atteindre. Ce que Confucius appelait « connaître le décret céleste » est le fruit d'années d'étude et de pratique acharnées, pour s'imprégner de toutes sortes de vérités et, grâce à elles, parvenir à l'harmonie et à l'accomplissement personnel. Et c'est seulement alors que vous serez prêt pour l'étape suivante.

Quand vous aurez une compréhension profonde de la volonté du ciel et une grande rigueur intérieure, vous atteindrez le stade que Confucius appelait « avoir l'oreille à l'unisson ». C'est la plus grande capacité possible à respecter les autres : vous pourrez saisir le sens caché de n'importe quel problème, vous pourrez écouter toutes sortes d'opinions avec un esprit ouvert, vous mettre à la place des autres et comprendre pourquoi ils font ce qu'ils font.

*Mettre son oreille à l'unisson, c'est entrer en résonance avec le monde et tous les humains qui le peuplent : c'est la compréhension et la tolérance parfaites.*

« S'affliger pour le monde et avoir pitié des gens », dit une expression chinoise courante. Autrement dit, en connaissant les raisons et les désirs de chacun, vous parviendrez à une compréhension et une tolérance bien plus profondes que si vous vous limitez à votre propre système de valeurs.

C'est ce qu'exprime aussi le vieux dicton : deux nuages ne peuvent se rencontrer pour produire de la pluie que s'ils se trouvent à la même hauteur.

Se sont donc mis à l'unisson ceux qui, que leur nuage soit à cinq cents ou à cinq mille mètres, savent toujours où se situe l'autre. Ainsi Confucius adaptait-il son enseignement à chacun de ses différents élèves.

Pour mettre son oreille à l'unisson, il faut être infiniment ouvert et accueillant ; pouvoir rencontrer des esprits à des altitudes très différentes ; ne pas se borner à ses propres critères et ne pas rester obstinément au même endroit, comme le personnage du conte populaire qui laissa tomber son épée de sa barque et fit une encoche sur le bord pour repêcher son arme en arrivant au rivage, ou comme cet homme, dans un autre conte, qui ayant attrapé une fois un lapin qui s'était assommé en heurtant un tronc, passe des jours entiers au pied du même arbre dans l'espoir qu'un autre lapin s'y estourbira.

L'étude et le dur labeur de toute la vie, tel un creuset, raffinent tout le savoir que nous avons accumulé pour nous conférer une maîtrise réelle de notre connaissance.

Pensez à la banale expérience de physique dans laquelle le professeur prend un cercle de papier divisé en sept parties, ayant chacune l'une des sept couleurs de l'arc-en-ciel, le perce en son milieu et le fait tourner rapidement sur une pointe. Le cercle devient blanc, par la fusion de toutes les couleurs vives du spectre.

« L'oreille à l'unisson » de Confucius est la fusion des règles du monde extérieur au sein de notre être intérieur. C'est seulement lorsque votre vie repose sur cette réalisation que vous pourrez atteindre le stade ultime de la sagesse confucéenne.

*« À soixante-dix ans, en suivant les désirs de mon cœur, je ne transgressais aucune règle. » Que voulait dire Confucius ? Quand toutes les règles et les principes supérieurs seront devenus des habitudes de vie, vous pourrez réaliser sans faillir tous les désirs de votre cœur. C'est le niveau le plus élevé qu'une personne puisse atteindre. Mais, si aisé et accessible que cela puisse paraître, pour y parvenir il faut d'abord avoir été façonné et corrigé par des milliers de coups de marteau.*

Il était une fois une statue de Bouddha dans un temple. Elle était exquisément sculptée dans le granit, et chaque jour les gens venaient en foule prier à ses pieds. Les marches qui menaient à ce bouddha avaient été taillées dans le même granit.

À force d'être foulées, les marches se fâchèrent un jour et se plaignirent à la statue : « Nous sommes pourtant, toi et nous, les enfants de la même montagne. Pourquoi faut-il qu'ils nous piétinent alors qu'ils se prosternent devant toi ? Qu'as-tu de plus que nous ? »

La statue leur répondit tranquillement : « C'est parce qu'il a fallu seulement quatre coups de ciseau pour faire de vous ce que vous êtes aujourd'hui, alors que j'ai dû en subir dix mille pour devenir un bouddha. »

Plus nous avançons dans la vie, insiste Confucius, plus nous devons raffiner notre être intérieur, et plus nous devons devenir apaisés et sereins. Mais, avant d'atteindre cette sérénité, il faut que nous soyons forgés et martelés des centaines et des milliers de fois.

Nous devrions considérer le cours de l'existence de quinze à soixante-dix ans que décrit Confucius comme un miroir qui nous est tendu, et dans lequel nous pouvons nous examiner à différentes étapes de notre vie. Nous verrons ainsi si notre âme a pris position, si nous avons commencé à perdre certains de nos doutes, si nous commençons à nous imprégner des grandes vérités du monde, si nous sommes capables de compréhension et de compassion pour les faiblesses d'autrui, et si nous parvenons à suivre notre cœur.

Si à vingt ou trente ans nous avons déjà atteint le stade prévu pour quarante ou cinquante ans et que nous ayons déjà édifié un système de valeurs clair et lucide, que nous soyons déjà capables de transformer les pressions de la société en une force souple qui nous permettra de rebondir, et que nous sachions réaliser sereinement les désirs de notre cœur sans franchir la ligne, alors nous pourrons dire avec certitude que nous avons vécu une vie pleine de sens.

Des scientifiques ont effectué l'expérience suivante : pour mesurer exactement la résistance des potirons, ils ont placé progressivement des poids sur un échantillon de courges, à la limite extrême de ce que chacune pouvait supporter.

Chaque potiron recevait un poids différent, mais le plus solide était tout particulièrement mis à l'épreuve. Quelques grammes supplémentaires par jour, puis quelques dizaines de grammes, puis des centaines, et enfin des kilos. Arrivé à maturité, ce potiron portait plusieurs quintaux !

À la fin de l'expérience, les scientifiques ouvrirent chacune des courges, pour voir s'il leur était arrivé quoi que ce soit d'anormal.

Tous les potirons se fendirent au premier coup de couteau, sauf le champion, qui se révéla impossible à trancher et qu'il fallut couper à la tronçonneuse : sa chair était aussi dure que le bois d'un vieil arbre !

Cette expérience est une métaphore de la vie de chacun de nous dans la société moderne, et une illustration de la force variable de nos cœurs.

*Ce n'est qu'en édifiant un système de valeurs pour le cœur que nous pourrons transformer les contraintes en souplesse et rebondir.*

Face à la compétition et aux pressions de l'époque, quelle raison avons-nous de mûrir précocement ? Les vers du Président Mao en réponse au camarade Guo Moruo – « Dix mille ans, c'est trop long. Il faut se saisir du moment, de l'instant. » – ne sauraient être plus pertinents aujourd'hui. Si dix mille ans, c'est trop long à attendre, il en va de même des soixante-dix qui nous sont impartis.

L'étude des *Entretiens* de Confucius, de n'importe lequel des grands classiques et de toutes les expériences des maîtres et des sages anciens n'a, en fin de compte, qu'un seul but, essentiel : rendre notre vie plus signifiante à la lumière de leur sagesse, abréger le chemin que nous devons parcourir, nous permettre de sentir et de penser aussitôt que possible comme un *junzi* plein de bienveillance et de bonté, pouvoir témoigner fièrement de notre être intérieur comme de nos responsabilités professionnelles et sociales.

Je crois que ce qu'il y a de plus important chez les sages, c'est la simplicité avec laquelle ils décrivent le grand voyage de la vie humaine, pour que leurs enfants, petits-enfants et lointains descendants, génération après génération, puissent mettre leur enseignement en pratique, avec ignorance ou intentionnalité, dans la douleur ou dans la joie. Ainsi s'est formée l'âme d'une nation.

Où que nous soyons, laissons la puissance spirituelle des classiques anciens se fondre intimement avec nos lois et nos usages, pour former ensemble un axe essentiel de notre existence – ainsi chacun de nous se construira une vie vraiment digne d'être vécue. Telle est assurément pour nous aujourd'hui la signification ultime de Confucius.

# Table des matières

Composé par Nord Compo
à Villeneuve-d'Ascq (Nord)
Imprimé en France par la Société Nouvelle Clerc
en avril 2016

POCKET – 12, avenue d'Italie – 75627 Paris cedex 13
Dépot légal : octobre 2012
S21147/01